LA MAGIA DE LAS RELACIONES

Mensaje oculto en las relaciones

La Magia de las Relaciones

Mary Caridad

Published by The Little French eBooks, 2021.

LA MAGIA DE LAS RELACIONES

First edition. September 8, 2021.

ISBN: 979-8201688745

Written by Mary Caridad.

Tabla de Contenido

Mary Elizabeth Caridad Domínguez

LA MAGIA DE LAS RELACIONES

Cómo capitalizar las relaciones en nuestro crecimiento personal

Dedicatoria

*A **Carmen Lucila**, mi madre, una admirable mujer que sirvió de inspiración durante todo mi aprendizaje y quien me inculcó la importancia de ayudar a las personas a través del conocimiento y el amor, en homenaje a su fuerza y energía interior.*

*A mi amado esposo **Humberto** por su comprensión y permanente apoyo en todos mis retos.*

Introducción

A lo largo de mi trabajo como instructora de programas de excelencia humana por más de doce años, he aprendido que el tema que más inquieta a los seres humanos está íntimamente ligado con sus aciertos y desaciertos en las relaciones, en algunas oportunidades en entrevistas de radio y programas de televisión en los que participé pude notar que independientemente del tema que se ventilara en ellos, ya se tratara de depresión, miedo, autoestima, problemas con el manejo del dinero, ira, etc., los radioescuchas o televidentes siempre formulaban preguntas cuyas respuestas conducían a la destreza emocional en el manejo de las relaciones, la mayor parte de las veces a relaciones de pareja.

Esa recurrente inquietud de las personas me entusiasmó a explorar de qué manera las relaciones pudieran ser una herramienta para desarrollar o incrementar esa destreza social de relacionarse saludablemente aprendiendo a través de las mismas a esculpir la personalidad.

Mientras más leía y vivía la experiencia de la facilitación con mis alumnos, más corroboraba la magia subyacente en las relaciones para aportar herramientas de mejoramiento; esa ha sido la razón por la que he dedicado tiempo a redactar un sencillo manuscrito que sirva de manual a sus lectores para aprovecharse de manera efectiva de la interacción con sus seres amados para su propia evolución hacia el bienestar y el gozo emocional.

Una de las cosas fascinantes que descubrí y que está plasmada en este libro, es que hay un mecanismo lineal en el que el cerebro humano se conduce, y que no importa el tipo de amor del que se trate, si es de pareja, fraterno, filial o el amor que pueden inspirarnos los familiares que escogemos "amigos"; en todas esas relaciones sin excepción, viene un mensaje para nosotros, y el mensaje aunque diferente es recíproco, es por ello que este libro invita a los lectores a explorar de manera sencilla esos mensajes que reciben diariamente y que los ayudará a ser mejores.

El universo usa mensajeros cotidianos, aunque esperamos ángeles, intuiciones y otros mensajes celestiales o sublimes, la maravillosa sorpresa es que nuestros mensajeros están justo al frente y al lado de nosotros, en cada conversación, en cada encuentro, en cada una de nuestras "relaciones". He aquí, una muestra de ello esbozada a través de la narrativa de mi experiencia en cada momento al servicio de mis alumnos personificada con nombres imaginarios y de mi propia mano.

Mary Caridad

LA MAGIA DE LAS RELACIONES

CAPITULO I

ENCUENTRO CONTIGO MISMO

Cada día de nuestra vida tenemos encuentros afortunados unos, desafortunados otros, programados algunos desde la conciencia y otros gestados por la ley de atracción a través de la inconsciencia, cada encuentro tiene un mensaje, cada presencia una función; pero el encuentro más importante es el menos planificado que es el encuentro con nosotros mismos, y al que debemos dedicar nuestra potencial energía.

Este encuentro supone una auto-identificación de las cosas y detalles que nos producen motivación, alegría y gozo, o despiertan nuestra ira o nuestros miedos, normalmente descubrimos por azar o inercia los caminos a seguir para sentirnos plenos. En el mejor de los casos, a veces como la búsqueda se produce hacia afuera, no identificamos con claridad las mencionadas cosas y detalles, ya que lo dejamos a la suerte, el destino, o el regalo proveniente del comportamiento de un tercero. Pero evidentemente estamos tomando el camino más largo y estamos yendo sin mapa ni "GPS".

La auto-identificación es un camino sencillo y fácil, que nos enfrenta cara a cara con nuestro lado mágico y nuestro lado frágil y representa la mejor forma de dirigirnos hacia la tranquilidad y la plenitud. En mi experiencia como instructora de programas de excelencia personal, frecuentemente he atendido personas que no saben explicar lo que sienten, ni la razón de porqué lo sienten, acuden a las sesiones buscando algo que aún no tienen identificado, "ese no sé qué", el cual suponen es la solución de sus problemas, descubren durante el adiestramiento, que no tienen planificación de vida, no saben dónde y cómo les gustaría estar a mediano y/o largo plazo.

Virginia, una mujer soltera físicamente hermosa, acudió al programa y después de varias clases y largas conversaciones, comentó su inquietud acerca de que siempre atraía parejas comprometidas, con las que evidentemente no podía contraer matrimonio, porque estaban ya casadas, o tenían una relación formal vigente con alguien más, ella se preguntaba constantemente porqué estaba viviendo esa realidad, y año tras año veía el tiempo pasar, y seguía repitiendo el mismo patrón.

En nuestro ciclo de conversaciones identificamos tres situaciones curiosas que muy probablemente estaban generando que su mente albergara pensamientos que la hacían resultar una oportunidad para caballeros no disponibles.

La primera de ellas era que nuestra amiga **Virginia**, tenía miedo al compromiso, **la segunda**, no sentía mucha identificación con las actividades relacionadas con la responsabilidad del manejo de un hogar y **la tercera**, era que su papá, estaba casado con alguien más que no era su mamá, cuando esta quedó embarazada de **Virginia**, fueron muchos los temas compartidos durante sus visitas, no obstante el tema sobresaliente siempre giraba alrededor de estados de tristeza, confusión o miedo, frente a la percepción de Virginia de tener pocas posibilidades de casarse.

Entonces con la información compartida en las conversaciones, procedimos a tratar de verificar cuales eran los patrones válidos en el inconsciente de **Virginia** relacionados con las palabras: pareja, matrimonio, hombre, esposo, familia, para conocer cuál era su percepción profunda sobre el tema, para luego comprender porque creaba ese tipo de realidad; todo partiendo de la premisa siguiente:

“Nuestras percepciones se proyectan en nuestra realidad a corto, mediano y largo plazo y con algunos otros pequeños elementos conforman las experiencias que materializamos en nuestra vida”

A simple vista pudimos notar que alrededor de las mencionadas palabras, **Virginia** experimentaba sentimientos encontrados que creaban percepciones contradictorias la mayor parte de las veces, esto a su vez hacía que se manifestara una realidad diferente a la que conscientemente ella estaba tratando de crear; es decir, conscientemente buscaba y quería tener una pareja, pero inconscientemente tenía miedo al compromiso, al engaño y al sufrimiento. A pesar de que ella quería tener un hogar y una familia, amaba su vida de ejecutiva y no estaba convencida de renunciar a ellas por dedicarse a un hogar; pensaba además, que las relaciones de pareja eran la situación ideal para cualquier persona, sin embargo no confiaba en el sexo opuesto por que les consideraba infieles. Es importante recordar que el cerebro da respuesta literal a nuestros deseos, creencias e intenciones más profundas, incluso si estas se contradicen, ya que el cerebro es completamente simbólico y trabaja con significados, entonces como consecuencia de esos pensamientos contradictorios, probablemente **Virginia** en función de las siguientes conclusiones produjo la realidad proyectada que no era la conscientemente deseada.

Conclusiones:

1.- **Virginia** quiere casarse, pero teme comprometerse; en este caso para su mente satisfacer estos dos pensamientos debe enviar a la vida de **Virginia** una persona que la quiera como para casarse con ella, pero que esté imposibilitada ara hacerlo, para lo cual lo más parecido es toparse siempre con hombres casados.

2.- **Virginia** quiere casarse, tener un hogar y una familia, pero no quiere renunciar a su vida de ejecutiva y asumir la responsabilidad de un hogar; en este caso para que su mente satisfaga estos dos pensamientos debe enviar a la vida de Virginia una persona que no pueda constituir con ella un hogar y una familia porque ya tenga otra, para lo cual lo más parecido es toparse con hombres comprometidos previamente.

3.- **Virginia** se percibe como una mujer leal y fiel, pero piensa que en el sexo opuesto es difícil encontrar personas con esos atributos, entonces para el cerebro satisfacer estos pensamientos contradictorios, enviará a la vida de Virginia hombres que solo sean infieles a sus esposas con ella, es decir que sean infieles selectivos, pero que finalmente igualmente sean infieles.

En el caso mencionado descubrimos que no se trata de suerte para encontrar lo que deseamos profundamente, ni del azar, ni de circunstancias accidentales, se trata más bien de que generalmente nuestros pensamientos no son alineados ni congruentes, generando una PERCEPCIÓN CONTRADICTORIA, que produce una realidad no cónsona con los deseos conscientes, pero seguramente es el resultado de la combinación de los deseos conscientes, los miedos y errores de percepción emocional de nuestro inconsciente, que solo logramos explicarnos tras la observación de nuestros pensamientos y creencias, es decir de un acto de introspección que a veces podemos realizar en solitario o en compañía y con el apoyo de un terapeuta o facilitador.

Virginia tuvo a través del programa la oportunidad de alinear su percepción con relación al tema del matrimonio y su función, esculpiendo unas pautas mentales diferentes a las previas al adiestramiento, mediante ejercicios que le fueron indicados; en un breve espacio de tiempo logró integrar a su ser ideas como la siguiente: Casarse es comprometerse y viceversa, el compromiso y el matrimonio son saludables y seguros, es posible seguir siendo una ejecutiva exitosa equilibrándolo con una vida de esposa y madre, la fidelidad no es exclusiva de un género, en definitiva.

Su patrón específico fue: "quiero y puedo casarme", "quiero y puedo ser ejecutiva, esposa y madre", "soy una mujer fiel que se conecta fácilmente con la fidelidad".

Culminado el adiestramiento y cuando asistía a sus sesiones eventuales, 06 meses más tarde, me informó que había iniciado una relación formal con un hombre soltero, con el que recientemente surgieron planes de matrimonio.

Cuando nos dedicamos a analizar cada arista de nuestra vida, es decir lo relacionado con el trabajo, la forma en la que nos relacionamos con nuestros familiares y amigos de forma objetiva y tratando de encontrar respuestas no solo en la información que vemos reflejada en ellos, sino la información que transmitimos, logramos un auto-reconocimiento que nos facilita mejorar la calidad de nuestras relaciones y como consecuencia de ello nuestra calidad de vida; igualmente nos ayuda a ver donde nos encontramos en el momento del análisis y nos permite trazar un mapa de lo que queremos lograr hacia el futuro, permitiéndonos visualizar en lo que queremos convertirnos a través de un mejoramiento continuo de nuestros patrones mentales y emocionales.

La función de las relaciones en nuestra vida, abarca una multiplicidad de escenarios, a través de ellas podemos realizar análisis no solo de cómo nos relacionamos con nuestras parejas como menciona el ejemplo vertido, sino también de nuestras destrezas para desenvolvernos socialmente, con nuestras finanzas, desde el punto de vista afectivo, con nuestra sexualidad, etc.

En definitiva el camino de cultivar relaciones saludables y de aprender de ellas, es el camino perfecto para encontrarnos con nosotros mismos, los seres humanos por el hábito de distraerse con el entorno le resulta difícil realizar trabajos de introspección, entonces el método descrito es una forma de encontrar lo que hay adentro, mirando hacia afuera, lo cual parece contradictorio, pero que puede ser más cómodo de acuerdo a aquello a lo que estamos acostumbrados. Esto nos muestra la magia de las relaciones en la interacción humana.

CAPITULO II

IDENTIFICANDO MI REALIDAD

La manifestación de nuestra realidad está representada por el conjunto de pensamientos o ideas más frecuentes sostenidos en nuestra mente; anatómicamente nuestro cuerpo tiene un órgano para la ejecución de cada función y esos órganos en ocasiones tienen distribuidas las diferentes funciones en diferentes partes de dicho órgano y lo realizan en fases, por ejemplo en el cerebro se realizan múltiples funciones una de ellas es el acto de pensar, y al pensar se producen pensamientos voluntarios e involuntarios, pero no importa cuál sea su calidad, ambos tipos de pensamiento quedan almacenados en nuestro banco de información y aunque la mente no es un órgano como tal, diremos que es una sede imaginaria en la que se despliegan los pensamientos pero que es no localizable, esta se manifiesta en dos fases: El inconsciente y el consciente, en el inconsciente tenemos toda la información almacenada durante nuestra vida, esta parte de nuestro ser guarda información de manera indiscriminada (agradable o desagradable), y el consciente que expresa la información frecuente que colocamos en el prefrontal conocido como la cúspide de la sabiduría y el intelecto, que pudiéramos decir que es el disparador de nuestra realidad, funciona como una pantalla inteligente en la que hay información organizada como un programa cuyo programador somos nosotros mismos; no obstante, esa pantalla contiene información que llega ahí voluntaria o involuntariamente, alimentada por nuestro consciente y nuestro inconsciente, por lo que no tenemos muchas veces clara la cantidad y la calidad de la información que se encuentra en dicha pantalla, es decir la información que se encuentra en ella es proyectada hacia afuera y crea los hologramas que observamos como realidad, entonces pudiéramos decir que la realidad la conforma la interpretación que nuestro propio cerebro, que funciona lingüísticamente y da a esos pensamientos, por ejemplo si pensamos en dinero desde la necesidad, en nuestra realidad se manifestará una dificultad en la fluidez y producción del dinero, es decir esto guarda relación con lo que se ha conocido y divulgado en los últimos años con bastante popularidad como la **"ley de atracción"**.

Ahora bien si tratamos de conectar estas dos ideas, 1) la realidad nos presenta nuestra propia opinión acerca de un determinado tópico de la vida, 2) el universo trae hacia nosotros aquello que puede dar respuesta a lo que creemos o puede satisfacer con mayor precisión nuestra opinión o percepción acerca de un tema; entonces veríamos que se producen ambas situaciones, es decir creamos realidades con nuestro pensamiento y atraemos situaciones con ocasión de esos mismos pensamientos, en el primer supuesto estamos interactuando con la matriz, girando órdenes y en el segundo supuesto la matriz está interactuando con nosotros, respondiendo a nuestra solicitud.

Como consecuencia de lo expresado entonces nuestra área de trabajo para identificar lo que estamos obteniendo y lo que queremos obtener, es revisar lo que pensamos y analizar lo que debemos pensar para obtener lo que queremos.

A uno de mis programas acudió **Viviana**, una chica de 32 años, quien en su primera sesión manifestó que trabajaba a tiempo completo en una empresa petrolera, que era madre soltera y provenía de un hogar de bajos recursos donde logró recibir educación universitaria a través del esfuerzo de su madre; en posteriores conversaciones en las que analizábamos la orientación de su programa de excelencia personal, comentó estar interesada en mejorar sus finanzas ya que a pesar de ser una diligente trabajadora, no veía retribuidos sus esfuerzos suficientemente desde el punto de vista económico; en este sentido las conversaciones con **Viviana** durante sus sesiones fueron orientadas a identificar su percepción acerca de las siguientes ideas: "dinero", "independencia financiera", "modos de producir dinero", "posibilidades personales para auto-gestionarse económicamente", etc. En consecuencia tomando sus propios dichos y tratando de interpretar cómo sus percepciones profundas se manifestaban en palabras y verbos utilizados obtuvimos las siguientes percepciones:

1.- El dinero es algo que tiene la gente rica, es difícil de producir a partir de cero, en su país es difícil producirlo en un volumen suficiente que se equipare a los gastos, manifestó sentirse muchas veces atrapada en un círculo vicioso que la hacía recordar su pobreza.

2.- La independencia financiera es difícil de alcanzar o casi imposible, porque requiere una cantidad ilimitada de dinero, nunca experimentó la independencia financiera.

3.- Formas de producir dinero. Piensa que solo puede producir dinero a través del trabajo dependiente, pues tiene miedo de ser dueña de su propio negocio, opina que no nació para el comercio, siente vergüenza de vender y cobrar.

4.- Auto-gestionarse económicamente Siente que puede auto-gestionarse económicamente, pero viviendo con estrechez económica, ya que por su condición de madre soltera no cuenta con apoyo de una pareja para incrementar su producción.

Evidentemente en las opiniones de **Viviana** sobre las ideas analizadas, podemos identificar muchos frenadores emocionales que veo frecuentemente en muchas personas al impartir mis programas; el ***primero*** de ellos es que **Viviana** coloca el dinero en manos de un segmento muy pequeño de la sociedad (los ricos), percibiendo erróneamente que no es un derecho para todos, desconoce entonces que ***para producir dinero no solo hace falta dinero, sino que puede igualmente partirse de cero utilizando ideas que la ayuden en la consecución del dinero,*** como por ejemplo sociedades para desarrollar emprendimientos, créditos bancarios, auxiliarse con capital relacional para obtener socios financistas, etc.

El ***segundo*** frenador, siente la libertad financiera como una quimera, probablemente porque en su entorno y su ambiente familiar durante la infancia y la adolescencia estuvo rodeada de personas que no fueron muy exitosas financieramente hablando, tanto su papá como su mamá, según su propia expresión, trabajaron como asalariados y nunca desarrollaron ideas para independizarse en la producción de dinero; y como sabemos "*los padres enseñan a sus hijos lo que saben, no pueden enseñarles lo que no saben*", entonces lo que aprendió de ellos **Viviana** en ese sentido, fue que había un solo método para ganarse la vida (trabajo dependiente). Lo del miedo para buscar otros métodos es también una conducta aprendida por las programaciones familiares de escuchar muchas veces *"vete por lo seguro"*, *"si estás empleada tienes garantizados los gastos"*, *"no te arriesgues a quedar desempleada porque tienes una hija por quien responder"*, etc.

Todos estos engramas se convirtieron en frenadores, dando lugar a las limitaciones que para el momento de recibir el adiestramiento estaba enfrentando **Viviana**, entonces entramos a la fase más importante del asunto, cómo resetear o programar las ideas de **Viviana** para lograr mejorar su situación financiera en su futuro próximo.

Lo primero que se abordó fue lo siguiente:

1.- Cómo debes pensar acerca del dinero: Primeramente el dinero es una energía igual a cualquier otra, no se diferencia de la pureza de una rosa, de la belleza de un delfín al moverse en el agua o de un parapente para hacerte volar sin motor, el dinero no le pertenece a nadie y se encuentra circulando en este mundo para que puedas acceder a él lícitamente, y puedas usarlo sanamente y sin limitaciones con la majestad y abundancia de que el mismo existe con el permiso de Dios, *puedes obtenerlo haciendo lo correcto, teniendo una percepción correcta acerca de su utilidad, siendo su amigo.*

2.- Cómo debes pensar acerca de la libertad financiera: Esta es la forma perfecta de vivir, puedes producir cuanto quieras, donde quieras y como quieras, es un derecho de todos, te permite trabajar y disfrutar del ocio armónicamente, es familia de la ley del menor esfuerzo y del principio del mayor esmero confianza y fe, puede obtenerse cuando nos liberamos de los miedos de ser los dueños de nuestros propios negocios y nuestras propias inversiones. *Permítete avanzar hacia el segundo paso que te sacará del trabajo dependiente hacia el* *trabajo de auto-empleado, es decir trabajar por tu cuenta, ese es el primer paso.*

3.- Formas de producir dinero: Hay muchas formas de producir dinero, desafortunadamente el común denominador de las personas no recibe información al respecto, ya que no se nos imparte formación financiera durante nuestra vida, no obstante debemos ser proactivos en la búsqueda de aquello en lo que estamos interesados crear en nuestra vida, siendo una de las cosas más importantes, tener una buena relación con el dinero, al ser humano promedio se le educa para el trabajo, sin embargo no se le enseñan los diferentes escalones por los que debe caminar para producir e incrementar su dinero de manera efectiva, lo cual incluye trabajo y esmero pero que debemos programar de manera adecuada para que en la medida en que avanzamos disminuya el esfuerzo e incremente nuestro capital, a través de un proceso lícito, entusiasta y gratificante. Esto implica conocer lo que algunos autores especialistas en finanzas denominan los cuadrantes del dinero, particularmente Robert Kiyosaki, quien los describe así: a) Trabajo dependiente, b) Trabajo independiente, c) Empresario, d) Inversionista; si se implementa de la manera correcta una orientación en la consecución de nuestras metas económicas podríamos avanzar desde la a) hasta la d), es decir terminar convirtiéndonos en inversionistas, aunque alguna vez hayamos sido empleados, para esto hace falta formación, determinación, confianza, disciplina y tesón y poder mantener el enfoque en aquello que buscamos y por supuesto trabajar dentro de los principios inspirados por el Creador.

4.- Auto-gestionarse económicamente: La autogestión económica nos permite armonizar la libertad financiera con la libertad emocional y es el punto en el que todos quisiéramos estar y al cual todos podemos llegar si respetamos las reglas mediante las cuales el dinero se mueve, sin ir detrás de él, haciendo que el dinero vaya detrás de nosotros.

En el fondo lo más importante es nuestra percepción acerca del dinero, por esto una vez identificadas las fallas en las percepciones financieras de Viviana, se pudo empezar a trabajar sobre las percepciones saludables que debía empezar a desarrollar realizando unos ejercicios al respecto que incluían tanto el cambio de paradigma como la administración del dinero.

Como resultado del trabajo **Viviana**, año y medio después ha podido notar los cambios, los cuales incluyeron cambio de ramo de trabajo, ya que actualmente realiza trabajos en línea para algunas empresas desde su casa, eso le ha permitido tener un horario más flexible, compartir más tiempo con su hija y dedicarle tiempo al desarrollo de un proyecto de negocios que arrancará en seis meses, apoyándose en un préstamo bancario y en un socio financista en el que ella aportará horas de trabajo e ideas, de entrada sus ingresos se doblaron, lo que ha reducido su estrés emocional y la ha motivado a continuar creciendo.

CAPITULO III

LA REINGENIERIA DE LA REALIDAD

La realidad es básicamente aquello que vemos y experimentamos a diario, a veces no nos detenemos a observar eso que vemos y emitimos opiniones acerca de nuestro entorno a través de nuestro desarrollado espíritu crítico, al cual le encanta la observación negativa que resta y divide más que la observación positiva que suma y multiplica, esto es lo que nos mantiene atrapados en la psicosis de que la realidad es difícil de cambiar, sobre todo con el trabajo de una sola persona; es decir, de nosotros mismos, la buena noticia es que los cambios que hace una persona impactan a la totalidad y son tan poderosos que todas las personas a las que tenemos acceso de alguna manera, o apenas contacto, se ven salpicadas por los cambios que logramos cuando decidimos hacer reingeniería de nuestra realidad para impactar la realidad global.

Hay una energía superior a la que libremente pueden otorgarle el nombre que deseen, Dios, Creador, Energía Inteligente, que constantemente está lanzando pistas para saber donde arrancar con los cambios; mágica y convenientemente "El" usa las relaciones para indicarte cuáles son los asuntos sobre los que tienes que trabajar, al hacer referencia a las relaciones, se incluyen las de pareja, las familiares, las amistosas, las no tan amistosas, las laborales, las incidentales o eventuales, etc., funciona como un espejo sobre el cual hacemos resonancia, así como nuestra imagen se refleja íntegra contra un espejo, el espejo de la realidad aparece fragmentado en tantos aspectos como asuntos tengamos que trabajar acerca de nuestra personalidad, es decir en alguna persona podemos ver nuestra genialidad, en alguna otra podríamos ver nuestro egoísmo, pero la realidad a pesar de ser un solo espejo dividido en varias franjas, siendo cada franja alguna de nuestras relaciones, en su conjunto es un espejo de cuerpo completo que refleja nuestros más mínimos detalles.

La metáfora del espejo o la resonancia indica como cada sonido de nuestra vida es lanzado, rebota en el corazón de otra persona y vuelve al nuestro, creando una empatía o apatía emocional. En la obra "Un Curso de Milagros", se explica de manera exhaustiva como el Creador nos ayuda a través de las relaciones en nuestra maduración y mejoramiento, adicionando a los pensamientos que imprimimos en nuestro **"pizarrón de realidad"**, información de nuestra historia infantil y de la adolescencia, contiene información de percepciones y puntos de vista de nuestros padres, a los que somos fieles sin darnos cuenta, ya que la información que nos induce a generar el pensamiento o la percepción, en parte viene en nuestro ADN.

Para ilustrar esto último, revisaremos el caso de **Helena** una ejecutiva de negocios con una vida bastante agitada, quien acudió a sus sesiones para encontrar explicaciones acerca de un padecimiento de salud que había generado una aceleración en su metabolismo, diagnosticado como hipertiroidismo, entre otros asuntos que igualmente fueron tratados como subsidiarios durante el programa; ahora bien, ¿cómo influyó su pasado, su percepción y el pasado y la percepción de sus padres en su salud? Para responder esta pregunta es importante conocer la siguiente información: **Helena** es la hija menor de una familia numerosa; por su personalidad solucionadora, recayó sobre ella el manejo de los problemas de sus hermanos adultos y adquirió voluntariamente el compromiso a darle a sus padres el soporte emocional que no le dieron sus predecesores, esa realidad generó en su vida estrés y presión emocional que el cerebro interpretó como necesidad de ir más rápido, en consecuencia cuando el cerebro recibe un mensaje, debe generar una situación de salud y una realidad que sea lo más cercana a lo que el mensaje interpretado contiene, su cerebro interpretó que la necesidad de ir rápido era compatible con un metabolismo acelerado y una de las patologías de salud que genera ese síntoma es el hipertiroidismo, aunque el mensaje haya sido una idea falsa y perjudicial para el cuerpo, a veces el cerebro se comporta como un vulgar simulador, recrea realidades a nuestro pedido sin discriminar su conveniencia o pertinencia.

Si en el caso de **Helena**, en vez de la necesidad de ir rápido hubiera tenido experiencias amargas y hostiles, su cuerpo hubiera dado una respuesta fisiológica o biológica distinta, si había amargura en su cuerpo, probablemente su cerebro habría interpretado que podía solucionar con una diabetes, entonces el cerebro trabaja con significados e interpretaciones, a veces de nuestra propiedad, a veces por que se la robamos a otros (padres, abuelos, etc.) y no siempre la solución es una solución feliz.

No obstante el hipertiroidismo es un proceso inflamatorio que por diferentes causas experimenta la glándula tiroidea, la cual se encuentra ubicada a la altura de la garganta, ocasionando su hiper-funcionamiento entonces tenemos otro elemento para explicar cómo nos hacemos fieles a nuestros antepasados; **Helena** es sumamente parecida a su abuela materna, la cual no conoció, sin embargo la herencia no requiere conocimientos ni presentaciones, su parecido es más que físico, en muchos rasgos del temperamento y en la manera de experimentar las emociones. Su abuela falleció a los 39 años en un accidente en el que recibió un golpe a la altura de la garganta muy cerca de la glándula tiroides, Helena fue diagnosticada de hipertiroidismo a los 39 años. Entonces al parecer la necesidad inconsciente de hacernos fieles a algunas realidades a las que somos empáticos es parte de nuestra cotidianidad, lo cual no es casualidad, sino causalidad. No significa que **Helena** por si sola haya atraído la mencionada realidad, recordemos que somos una pieza de un gran ajedrez, y probablemente la madre de **Helena** que era la hija menor, sufrió mucho al perder a su madre muy joven, generando frecuentes pensamientos acerca de esa pérdida, hasta el punto que en una de sus tres hijas atrajo una experiencia muy similar a la que experimentó con su madre. Como el cerebro no discrimina, atraemos exactamente lo que pensamos, deseamos, o arrastramos en nuestros árbol genealógico, y en ocasiones eso representa también enfermedad.

Fueron varios los asuntos considerados para analizar cuales pudieran haber sido los motivos que participaron en el hecho de que **Helena** se hubiera enfermado y que esa enfermedad se hubiera hecho crónica en su cuerpo; en principio se trabajó la pauta psicológica de Helena de experimentar tranquilidad ya que se había detectado que tenía el hábito de hacer todo rápido y prácticamente había convertido el estrés en un vicio y su necesidad de estar acelerada era auto-inducida, porque incluso la persona que le exigía hacer las cosas con mayor prontitud, que era su madre, ya había fallecido; lo primero que se hizo fue tratar de que **Helena** hiciera consciente que podía hacer las cosas con más sosiego y que la única supervisión que mantenía, era la que ella misma se hacía para que tratara de auto observarse e identificar la falla para detenerla; el cerebro funciona muchas veces en automático y nos lleva a hacer cosas que nos hacen daño, porque sencillamente constituyen un hábito **"negativo"**, aparte de los ejercicios del programa para inducir manejo de ansiedad, angustia y estrés se recomendaron actividades adicionales como la práctica de yoga o tai chi y/ o meditaciones cortas para disminuir la aceleración interior y aletargar el metabolismo, sin interferir con el tratamiento médico que la misma en paralelo seguía.

CAPITULO IV

CADA RELACION ES UN PEDAZO DE NUESTRA HISTORIA

A lo largo de nuestra vida fomentamos múltiples relaciones, hay unas consanguíneas, otras afines y otras que vamos encontrando a nuestro paso en nuestra experiencia de vida, vecinos, maestros, alumnos, etc.; pero en sentido estricto, esas relaciones no son de aparición azarosa, hay una inteligencia superior que todo lo controla y por lo tanto también opera desde nuestro inconsciente que nos conduce a establecer algunos contactos, siempre con un fin determinado que específicamente tienen una función en nuestra vida.

En ocasiones, no identificamos la función que la relación representa para nosotros y como un estudiante poco diligente repetimos el ejercicio y vuelven a aparecer otras relaciones similares con la misma función, lo cual no parará de ocurrir hasta que seamos capaces de asimilar el mensaje. Entonces cada relación es un pedazo de nuestra historia, y un pedazo importante en la medida que logremos capitalizar el mensaje que nos trae.

En virtud de que el generalizado hábito de la crítica, no nos permite aprender lo que debemos de cada relación, porque nos conectamos con las personas tratando de observar sus defectos cuando realmente la crítica no es más que la expresión de nuestros miedos, entonces el maravilloso elixir del lenguaje de Dios que trata de comunicarnos todo el tiempo qué debemos hacer y no hacer, no lo podemos entender a pesar de que es trasmitido en nuestro mismo idioma, esto explica porqué el soberbio detesta y no sabe manejar la soberbia, pero identifica fácilmente a otro soberbio y lo critica.

El sumiso suele toparse con un controlador para que lo acose o azote, el mensaje de fondo que debe aprender el sumiso, es que debe aprender a defenderse, a veces los miedos del sumiso son tan fuertes que aunque reciba sugerencias externas de seres queridos y amigos no puede hacerlo, entonces su inconsciente que es un auxiliar de Dios, atraerá a su vida esa persona que le imprima tanta presión emocional que despierte su instinto de defensa, que si no despierta en la primera relación abusiva le irá fortaleciendo por desgaste hasta que logre liberarse. Normalmente concientizar este mecanismo en el que se desarrolla la experiencia humana, que parece tan sencillo, en la práctica no lo es, tenemos el velo de la ignorancia y la hipnosis social y emocional del ego, esto me hace recordar de quien para los efectos del ejemplo llamaremos **Rubén**, quien nació por los cincuenta siendo miembro de una familia numerosa, de bajos recursos económicos en la que ambos padres tenían que trabajar para sostener la familia, Rubén pasó gran parte de su infancia bajo los cuidados de una persona que ayudaba a su mamá en la crianza de sus hijos, una especie de nana, esta señora quien se encargaba de alimentarlo, supervisar su estancia en la casa, establecía diferencias en el trato de él y sus hermanos, notándose marcada preferencia por alguno de ellos que no era precisamente él, obviamente según comentó durante las sesiones, se sintió muchas veces atropellado emocionalmente por la discriminación de la cual fue objeto, describió a la nana como alguien que se enfocaba en los defectos y fallas de las personas para capitalizarlos y utilizarlos en la primera oportunidad, a pesar de reconocer que fue una diligente cocinera y encargada de los oficios del hogar, cuando **Rubén** creció, el sentimiento experimentado hacia ella, fue de rechazo, a pesar de que sus hermanos la veían con otros ojos, no obstante cuando se hizo emocionalmente independiente y era adulto, solucionó mudándose de la casa materna y emprendiendo una nueva vida con su esposa. Lo interesante de esto, es que años más tarde cuando acudió a sus sesiones, y en múltiples conversaciones cuando hicimos lo que se conoce como trabajo de auto-reconocimiento logramos identificar que varias de las características que había criticado en su nana, también las tenía su amada esposa, y el hermano que más quería del grupo familiar.

Tras varias conversaciones, noté que estas observaciones surgieron por primera vez en su mente durante el trabajo y que **Rubén**, no había notado que había venido repitiendo un ciclo en el que atraía el mismo tipo de personas, y que estas activaban su malestar emocional de manera incomprensible. Como dato curioso notó inmediatamente que a pesar de haberse distanciado de la persona que le generaba angustia (la nana), realmente lo que hizo fue sustituirla, el ¿por qué? podemos manejarlo con diferentes hipótesis.

1.- Inconscientemente repetimos nuestra historia por que el cerebro es bioquímicamente vicioso, y parece encontrar confort en lo que le es familiar, aunque paradójicamente sea doloroso.

2.- El Director de la orquesta universal (DIOS), está constantemente lanzándonos caramelos traducidos en oportunidades de aprendizaje para hacernos crecer, en los que repetimos lecciones hasta que no identificamos la razón de ser de la lección. En ocasiones interpretamos esto como una crueldad, en la que se nos somete a pasar por eventos desagradables de manera repetida, pero esto es una percepción errada de nuestra mente, porque la parte que más duele de repetir la lección es que nuestro ego nos hace sentir lastimados cuando en realidad debemos sentirnos agradecidos de tener la oportunidad de dar un paso adelante y crecer emocionalmente.

Lo expresado ocurre porque hemos crecido enfocándonos en ver la dificultad como algo externo a nosotros, cuando en realidad es la expresión de nuestros pensamientos, en consecuencia igualmente hemos crecido culpando al entorno y sintiendo que no podemos modificar la raíz del problema, que según esa falsa percepción no depende de nosotros; cuando asumimos que toda la posibilidad de resolver está en nuestras manos y damos un giro total a nuestra percepción, no hay fantasmas que puedan perseguirnos permanentemente, pues podemos detener la rueda o el círculo vicioso aprendiendo de cada experiencia y superándonos a través de una terapia de perdón, cuyos detalles analizaremos más adelante.

Rubén solía ser de los que erradamente culpaba al entorno de su suerte y se sentía atrapado y poco amado en virtud de las frustraciones que vivió en su infancia y que transformó en dolor y hostilidad, permitiendo que dichos sentimientos actuaran como frenadores que lo desmotivaron en la búsqueda de un cambio consciente y proactivo, a lo largo del adiestramiento pudo sanar sus sentimientos de dolor y cambiar sus ideas erráticas, no tuvo que cambiar ni esposa, ni familiares, solo aprendió a lidiar adecuadamente con ellos y dejaron de generarle malestar.

En una visita posterior de control pude constatar en su lenguaje corporal, menos tensión, facilidad para reírse y una marcada destreza para interactuar que lo hacía lucir más relajado y estable; manifestó que su tolerancia hacia los comentarios hostiles de otras personas había incrementado y que ahora lo que en otro momento percibía como una amenaza, lo administraba como parte del proceso psicológico de otros.

CAPITULO V

LA MAGIA DEL ESPEJO

El "espejo", un pedazo de vidrio brillante en el que se refleja nuestro cuerpo, muestra nuestra fisonomía, no importa si el vidrio está roto, podemos vernos completos en él; metafóricamente las relaciones son nuestro espejo emocional y temperamental, y en ellas también nos reflejamos por completo, solo que el conjunto de las relaciones que experimentamos representan el cuerpo, analógicamente en una relación se refleja una parte de nosotros y en otra relación se refleja otra parte, como una visión de conjunto, "las relaciones" representan el espejo completo.

La función del espejo es que veamos en él nuestro cuerpo en detalle para identificar como nos encontramos físicamente, muestra nuestra fachada, constituida por fisonomía, expresiones y aspecto, a través de él descubrimos lo que nos gusta y disgusta de nuestro cuerpo y en función de la percepción que tenemos de esa imagen, emprendemos algunos correctivos, como peinarnos, maquillarnos, corregir nuestra postura, emprender una dieta para perder peso, escoger ropa diferente para vestirnos, hacer combinaciones que se parezcan a nuestra personalidad, y en general hacer cambios de imagen que desde nuestra percepción mejoren nuestra apariencia.

Entonces, la buena noticia es que metafóricamente nuestras relaciones pueden cumplir la misma función, solo que éstas (las relaciones), como el espejo nos mostrarán como nos encontramos en tiempo presente, no físicamente, si no emocionalmente, y realizando observaciones similares a las que hacemos en el espejo, descubriremos, en función de la percepción que tenemos de la imagen, que proyectamos en cada relación, y qué tipo de acciones correctivas podríamos emprender para esculpir nuestra personalidad, temperamento y en general calidad humana.

Esto puede resultar sumamente fácil, a veces divertido y a veces no tanto, porque a pesar de que el ser humano maneja mejor la comparación y la crítica, no muy a menudo maneja bien el reconocimiento; motivo por el cual le cuesta identificar situaciones externas en las que se le presenta un reflejo de lo que son sus fallas personales, esto no le gusta y lo rechaza de plano, expresando hostilidad.

El espejo tanto en sentido material, como en el sentido figurado que representan las relaciones nos revela íntegramente, mostrando nuestro lado mágico y nuestro lado no tan mágico.

Pero a todo a lo que le dediquemos observación en este planeta, manifiesta esta polaridad, es decir un lado mágico y un lado menos mágico que en lo adelante ya no llamaremos lado oscuro.

Para ilustrar lo expresado revisaremos el caso de **Ernesto**, un hombre adulto que acudió a las sesiones entre otras cosas para explorar la razón por la cual se paralizaba para tomar decisiones en su vida, en el ciclo de conversaciones analizamos las presencias que en su vida debieron haber aportado los rasgos emocionales de seguridad y confianza, es decir, su relación con sus padres. Comentó en cuanto a su mamá ideas que hacían presumir una madre físicamente presente, pero emocionalmente ausente, ya que su conexión afectiva con **Ernesto** era insuficiente, porque esta mamá delegó los cuidados de sus hijos desde el punto de vista físico y emocional a la nana que se encargaba de ellos, de quien si recibieron abundante afecto ya que era una mujer cariñosa, más sin embargo, por ser una persona sin carácter no implantó de manera suficiente los temas de autoridad y seguridad que si bien correspondían a la mamá biológica, ésta tampoco pudo suministrarlos por falta de conocimientos y recursos emocionales; en este punto, se identificó el primer motivo probable por el cual **Ernesto** se había convertido en un hombre inseguro y por tanto con serias dificultades en la toma de decisiones.

Por otro lado, **Ernesto** manifestó que la experiencia con su papá era una necesidad por parte de este último de mostrar poder en la relación, lo cual hacía a través de manipulación, posesividad y excesivo control, compartió con este de manera directa durante los primeros veinticinco años de su vida, no obstante a pesar de que después de casarse hizo una vida independiente, la posesión de su padre lo persiguió cuestionando constantemente sus actos y decisiones, trasmitiéndole total desconfianza en sus habilidades; en este segundo punto se identificó lo que suele ocurrir con hijos de padres castradores, perfeccionistas y controladores, que se traduce en generar una duda constante en sus hijos en la toma de decisiones, ya que estos no desarrollan adecuadamente confianza en sí mismos.

Para el momento en que **Ernesto** acudió a sus sesiones ya tenía parcialmente identificado los asuntos comentados, no obstante no era consciente, de hasta qué punto dichas circunstancias le había minado la personalidad, por lo que entramos a revisar su relación de pareja para el momento casi destruida; es el caso que **Ernesto** consiguió una novia con la que tras largos años de relación había contraído matrimonio. Al adentrarnos en las conversaciones describió a una esposa inteligente, hermosa, pero dominante, controladora y altamente crítica, que a pesar de ser muy trabajadora como ejecutiva, no era una mujer afectiva ni mostraba sus emociones.

Revisando esta tercera relación, descubrimos lo siguiente: **Ernesto** en el ejercicio de la ley de atracción y del poderoso espejo, solo se había mudado de residencia, pues logró encontrar en su esposa, una conjugación de la personalidad de su padre y de la de su madre, desafortunadamente a pesar de que logró conectarse con ella en algunos sentidos con su propio lado mágico que pudiera resumirse en lo siguiente: 1) **Ernesto** era buen papá y su esposa una excelente mamá. 2) Ella como él era una mujer inteligente y trabajadora. 3) Ambos son personas de altos principios y valores; también reflejó en ella su lado no tan mágico, es decir: 1) **Ernesto** era una persona insegura, como consecuencia de una mamá emocionalmente ausente producto de un bajo vínculo emocional con esta, su esposa igualmente era una mujer con dificultad para crear vínculos emocionales sólidos, lo cual se tradujo en que repitió una situación emocional que reforzaba su inseguridad. 2) **Ernesto** era un hombre con poca confianza en sí mismo, en parte por haber tenido como compañero de vida a un padre crítico, dominante y que objetaba continuamente sus elecciones y Ernesto para sustituirlo consiguió una esposa dominante, altamente crítica y que no reconocía sus habilidades; esto se tradujo en una situación que reforzó la falta de confianza de **Ernesto.**

Esto demuestra que continuamente cuando no concientizamos nuestra basura emocional vamos escribiendo novelas en las que cambiamos el elenco, pero en el fondo repetimos la trama, solo porque nos distraemos tratando de esperar una felicidad que viene de afuera, cuando en realidad somos los artífices de nuestras emociones y tenemos la capacidad de esculpir nuestra personalidad y temperamento para proyectar en el espectro de nuestra realidad, seres armónicos y llenos de plenitud, que sean la expresión de nuestro equilibrado estado emocional.

En el devenir de las sesiones, se logró que **Ernesto** incrementara su nivel de confianza y seguridad, se disminuyó su perturbación interior para manejar la crítica y mejoró su capacidad para decidir; sin embargo, sigue habiendo mucho que mejorar ya que la toma de decisiones relacionadas con cambios importantes en el curso de su vida, aún no le son posibles, sigue bloqueado al respecto, porque maneja aún conflicto entre sus valores y lo que puede conducirlo a ser feliz.

CAPITULO VI

EL LADO MAGICO Y EL LADO NO TAN MAGICO

Toda aquella persona que emprenda un reto de mejoramiento personal, debe aceptar de antemano que no solamente tendrá la oportunidad de afianzar y hacer florecer sus fortalezas, sino que se encontrará así mismo con sus debilidades y sus amenazas, sobre las cuales deberá trabajar arduamente y con esmero para hacer alquimia en ellas y convertirlas en fortalezas, o sencillamente lidiar con ellas con el mero logro del mejoramiento, ya que es sabio entender, que incluso las debilidades en algunos contextos no lo son tanto, ya que en materia de relaciones humanas muchos temas son relativos y la debilidad y la fortaleza son también una cuestión de percepción.

Para convertirnos en mejores personas, debemos ser nuestros mejores amigos, y los mejores amigos de nuestro pasado, debemos ser unos incansables motivadores, y muy disciplinados en la aplicación de herramientas para su consecución. Las señales, los mensajes y la ayuda pueden llegar de cualquier lado, debemos mantenernos alerta y con la mente y el corazón abierto para asimilar la información, vencer el hábito de juzgar es en este sentido de primera necesidad y debe ejercitarse diariamente, podemos comenzar por hacerlo 01 hora al día, luego 02, luego 03, hasta haber completado 01 día completo, después 01 día sí y 01 día no, después 02 días si y 01 día no, hasta haberlo hecho toda la semana, será fácil adoptar el nuevo hábito de dejar ser y usar la opinión solo como consejo constructivo.

Las personas pueden percibirse como seres en perfeccionamiento, es decir, perfectibles, más no perfectos, esto nos quitará un peso de encima acerca de la presión de que no podemos equivocarnos, pero nos animará, primero a ser mejores personas, y después a no conformarnos con hacer las cosas bien, cuando podemos hacerlas excelente.

La forma más idónea de trabajar es enfocarnos en una relación a la vez, y en un tema a la vez, ejemplo:

1.- Un tipo de relación: amorosa, ejemplo: manejo de la pareja.

2.- Un tipo de relación: de trabajo, ejemplo: manejo de la autoridad.

Para hacer de fácil comprensión este ejercicio, tomaremos como patrón el caso de **Fernanda** y su trabajo.

Fernanda en sus sesiones manifestó tener una complicada relación de trabajo que quería mejorar para conservar el puesto ya que amaba su profesión y las atribuciones que le habían sido conferidas y que ejecutaba según el perfil de su cargo. Es el caso, que ella había sido contratada apenas obtuvo su título universitario como Abogada en una firma conocida en la ciudad, entró en ella recomendada como una persona responsable, disciplinada y por haber obtenido buenas calificaciones.

Comentó que al comenzar en el trabajo, se desenvolvió con facilidad porque además de tener los conocimientos profesionales frescos, sus mentores profesionales en la firma, confiaban en ella y eso le hacía sentir entusiasmo en su labor, lo cual hacía que terminara con prontitud sus tareas. Al cabo de algunos años, notó que no se le delegaban importantes trabajos, que veía reflejados en la disminución de sus ingresos, expresó que en principio lo achacó a una situación global que afecto no solo a las firmas de abogados, sino a todas las actividades que no eran de primera necesidad, en cuanto a que los ingresos de la firma habían disminuido.

Durante las conversaciones y para identificar la participación de **Fernanda** en lo que estaba ocurriendo, revisamos si ésta era una persona suficientemente proactiva y enfocada en su trabajo, así mismo se exploraron sus metas a corto y mediano plazo, no solo a nivel laboral, sino personal. En este punto, prestamos especial atención en que se trataba según su propio decir, de una persona conservadora en su forma de vestir, no planificaba ni viajes, ni actividades de esparcimiento, era una persona más bien sedentaria que no practicaba actividades deportivas, lo cual hizo surgir la sospecha de que se trataba de una persona pasiva.

Por experiencia en los casos tratados durante los programas, he identificado que la pasividad es un familiar cercano de la pereza y que las personas perezosas casi nunca son proactivas, he tenido facilitados que por realizar bien su trabajo diario y cumplir con las tareas asignadas según lo indicado, alegaban no ser personas pasivas; no obstante, lo que mueve a un pasivo a cumplir sus actividades laborales de forma sólo suficiente, es el sentido de estricta responsabilidad.

Fernanda era una persona "pasiva", tocaba identificar entonces los posibles orígenes de su inconveniente pasividad ante su deseo de progreso, para lo cual analizamos algunas circunstancias que pudieran ser concomitantes.

Durante las sesiones, Fernanda expresó que en su casa materna los ingresos económicos provenían de su madre, una maestra de escuela que trabajó hasta la jubilación para mantenerla a ella y a su hermana, que su madre tenía el grado mínimo de instrucción para ser educadora, que nunca tuvo ni los recursos ni la intención de hacer postgrados o cambiarse de trabajo para mejorar sus ingresos y que trabajó toda la vida en la misma escuela pública cercana a su casa, por su parte, su padre divorciado de su madre, trabajó en una empresa petrolera toda la vida, sin embargo no aportó dinero para el soporte familiar. La madre de **Fernanda** era una mujer temerosa, tímida y con poco roce social, para la época en que vivió con su padre, éste representaba la parte fuerte de la relación, quien era un papá cariñoso mientras estuvo en la casa, pero egoísta y acosador. En este punto identificamos dos cosas: 1) **Fernanda** que era la hija mayor, aparte de la información que traía en el ADN de sus padres para parecerse a ellos, estaba repitiendo un patrón válido de su mente que probablemente decía **"no hay que esmerarse para vivir"**, **"puede vivirse con lo que Dios mande"**.

Ahora bien, para identificar cómo estaba **Fernanda** proyectando su lado mágico y su lado no tan mágico en el trabajo, revisemos su relación laboral y sus quejas.

1.- **Fernanda** tenía un comportamiento pasivo frente al trabajo, realizaba solo lo que se le ordenaba hacer, y lo realizaba bien, esto significaba que estaba acostumbrada a acatar órdenes y a no salirse de ellas, porque probablemente salirse le daba temor; volvemos entonces a los patrones básicos de **Fernanda**, donde compartía muchas horas con una madre conformista, pero cariñosa y alentadora, que reforzaron una personalidad limitada, cero proactiva, en virtud de lo cual su crecimiento profesional estaba completamente anulado. **Fernanda** tenía un jefe directo que le apoyaba en el trabajo, le enseñaba y compartía actividades dentro del mismo trabajo; ¿cómo se activó el espejo en esta parte? **Fernanda** atrajo un jefe que hacía la función de su mamá, en el sentido de estar presto para enseñarle (como un maestro) y que le mostraba un lado cariñoso y alentador, podría decirse que en este sentido afloraba una porción de su lado mágico.

2.- **Fernanda**, a pesar de ser una persona callada y tímida, era una persona irreverente y susceptible a la crítica, con un sentido de incomprensión hacía personas que lograban cosas con poco esfuerzo, ya que le recordaban su baja capacidad de logro, típicamente las personas con este temperamento desarrollan un sentimiento de envidia que les cuesta manejar, y que generalmente no es consciente, como consecuencia de este patrón, nuestra amiga atrajo otro superior (jefe) exigente, acosador, que todo el tiempo se mostraba crítico a su desempeño; funciona de manera similar a lo que ocurre entre las mascotas y los seres humanos, si huelen tu adrenalina te muerden o al menos lo intentan, esto ocurre porque el cerebro funciona como un escáner, reproduce imágenes en función de lo que se quiere o de lo que se teme. Las relaciones emocionales en este caso, forman entre las personas un encaje como el de los rompecabezas, el cóncavo engrana con el convexo.

Fernanda, completó el programa de adiestramiento, pero debido a su frustración, e irreverencia mostraba constantemente resistencia a aceptar que sus resultados eran cien por ciento producto de su comportamiento, y por su misma personalidad postergadora y poco proactiva, no realizaba el volumen de ejercicios necesarios que le fueron indicados, ni los hizo con el entusiasmo adecuado para que su resultado fuera óptimo, por lo tanto su mejoría apenas alcanzó el treinta por ciento, lo que debe hacernos reflexionar acerca de lo siguiente, en un trabajo de mejoramiento o excelencia humana deben confluir tres importantes elementos: 1.- Eliminar las resistencias. 2.- Estar dispuestos a descubrir y trabajar sobre nuestros propios bloqueos y 3.- Trabajar con entusiasmo, disciplina soltando el resultado, es decir en el resultado depende quince por ciento del trabajo del coach y sus herramientas y ochenta y cinco por ciento del trabajo del alumno.

CAPITULO VII

TERAPIA DE AMOR Y COMPASION

Si queremos lograr esculpir nuestra personalidad y nuestra vida a través de un camino sencillo y divertido, lo primero a considerar es trabajar desde el amor y la compasión hacia nosotros mismos; cuando analizamos la labor de una maestra, que con vocación enseña a sus alumnos, encontraremos a alguien cargado de paciencia y afecto, pero de firmeza y objetividad al impartir disciplina.

He encontrado en mi trabajo diario como asesora en temas emocionales, que el crítico más lapidario para el ser humano, es él mismo; se encuentran frecuentemente los dos extremos, el que jamás se hace responsable de sus actos y lanza la pelota de la responsabilidad a todos los seres con los que se relaciona, que podría catalogarse como un inmaduro emocional; y el que se quiere responsabilizar por los actos de todos o victima de profesión. La responsabilidad es algo personal, aunque en las relaciones afectivas, cuando son analizadas en conjunto (pareja, amistad), se da una responsabilidad compartida; no obstante analizado desde el punto de vista individual, una porción de esa responsabilidad nos pertenece enteramente.

Solo podemos trabajar sobre la porción que nos pertenece, responsabilizándonos de ella de forma madura y sin caer en la victimización. El ser humano en su mayoría puede incurrir en actos errados que en un gran volumen son orquestados desde el inconsciente, aunque a veces sabe que se está equivocando y conscientemente asume la conducta errada por ceder ante un hábito, manipulación, ego, o sentimientos impuros, lo que está claro es que la gente no planifica sufrir, sin embargo aunque hace las cosas para estar bien o ser feliz, a veces el resultado no es el conscientemente esperado.

Mantener una constante terapia de amor y compasión hacia nosotros mismos, es más que una disciplina personal, es la destreza de comprendernos sin excusarnos y permitirnos el tiempo de reconducir nuestra vida a través de decisiones sanas y oportunas, esto implica convertirnos en nuestro mejor amigo que nos consuela y alienta, pero nos exige mejorar para que cobre valor el acto de reconocimiento en el que aceptamos habernos equivocado.

Muchas son las aristas que condicionan el comportamiento humano, y muchas las razones del feed back recibido del entorno, si nos embarcamos en un proceso agradable y divertido de autoconocimiento, seremos los mejores escultores de nuestra personalidad.

Según algunas investigaciones nuestras experiencias están conectadas con los pensamientos y emociones vividas por nuestras madres al momento de la gestación, otro tanto tiene impacto en eventos transgeneracionales de nuestro árbol genético que viene a nosotros en tiempo presente, y que además interactúa con nuestros pensamientos y vivencias actuales, creando un mundo alimentado desde diferentes vertientes.

Independientemente de cuál sea el origen de lo que consideramos nuestros problemas presentes, lo importante en la medida de lo posible, es tratar de identificarlos, no para regodearnos en la lamentación, ni por el mero gusto de hurgar en nuestros dolores, si no para solucionar con mayor facilidad la situación, que siempre estará relacionada con una pauta emocional, o una percepción sembrada en nuestra psicología, que puede muchas veces consistir en una mera percepción errada de la realidad, que se produce porque nuestra manera de percibir el mundo es lógicamente subjetiva, ya que a pesar de que somos seres racionales, percibimos el mundo de manera emocional por cuanto le otorgamos un significado a los eventos en los que nos vemos involucrados. Esto pudiera explicarse a través del siguiente ejemplo:

Para cada ser humano cada objeto, persona, o sentimiento tiene un significado, ese significado es lingüístico, que siempre tiene una acepción generalizada, que puede encontrarse en un diccionario y que además se adapta a la geografía donde se utilice el concepto, pero el significado más importante para acuñarse como mensaje o experiencia de vida, es el significado que entraña sobre una determinada palabra la conexión emocional a través de la cual la percibimos. Para algunas personas la palabra "mamá" significa protección, para otras abandono; para algunas personas la palabra "amor" significa forma de alcanzar la felicidad, para otras forma de arruinarse la vida; entonces, lo primero que hay que hacer para que la terapia de amor y compasión funcione, es realizar un trabajo de identificación; cuando se identifica, no se buscan culpables, solo se buscan posibles salidas, si reconocemos el problema con habilidad y destreza, sabremos, sobre lo que tenemos que trabajar y encontrar el camino más corto para salir del problema.

Luisana, se casó con su novio de 10 años de amores, al que amaba profundamente y del cual se sentía correspondida, después de una breve relación matrimonial de 02 años, su esposo entró en un estado confusión con respecto a los sentimientos que lo unían a ella, eso dio lugar a que él se interesara en otra persona, lo cual catalizó la separación y el divorcio, cuando **Luisana** acudió al programa trabajamos muchos temas en pro de su mejoramiento, pero principalmente trabajamos lo relacionado con la pareja, ella no se explicaba por qué la relación se había deteriorado hasta el punto de hablarse de divorcio, estando tan enamorada, por qué era tan difícil la separación y por qué tendría que estar sola para enfrentar la vida.

Durante las sesiones se identificaron las siguientes situaciones:

1.- Temor a dormir sola y estar sola desde la adolescencia.

2.- Sensación de padre ausente, como quiera que solo vivió 01 año con su padre biológico y su padre sustituto o padrastro a pesar de que la amaba, no era un padre presente en sentido estricto porque no compartían, pues se trataba de una persona poco afectiva y comunicativa, lo que puede decirse, un padre ausente que está presente.

3.- Tanto su padre biológico como el sustituto (padrastro) eran consumidores asiduos de licor, hasta el punto de dormir fuera de la casa con ocasión de la bebida.

4.- Identificamos en su personalidad, irascibilidad, reactividad y una marcada dificultad para dominar del ego.

Los puntos identificados nos ayudaron a concluir los motivos por los cuales había atraído a su vida una persona con las características de su esposo, en principio por su conexión con la pérdida. A través del análisis de pautas psicológicas que para el momento eran inconscientes para ella, se dedujo que éstas estaban produciendo eventos en su vida a través de la ley de atracción. Dado que las personas con temor a la soledad tienden a atraer situaciones en las que se encuentran solas ya que el cerebro provoca o reproduce las situaciones que más queremos y las que más tememos, **Luisana** a través de la separación y el divorcio estaba replicando el temor a la soledad, esto encontraba un perfecto ambiente en su vida, ya que venía acostumbrada a la ausencia de la figura masculina en su historia de vida, la personalidad irascible y reactiva generada por este mismo motivo y otros, producía explosiones y discusiones por cualquier motivo con su esposo, lo cual debilitó la relación.

No fue casualidad que su esposo fuera un asiduo consumidor de licor al que permanecer en la calle hasta altas horas de la noche y vivir frecuentemente de fiesta, le agradara su compañía, ya que como hemos comentado repetidamente traemos a nuestra experiencia, todo lo que no queremos vivir. Lo expresado significa que reflejamos en nuestra realidad, nuestros esquemas de pensamiento, en ocasiones a través de nuestro lado mágico y en otras a través de nuestro lado menos mágico.

En el caso de **Luisana**, polarizó en la relación de pareja con mayor preponderancia su lado menos mágico, sin embargo, en algunos puntos que igualmente fueron analizados de su relación de pareja, encontramos que también replicó eventos positivos, tales como:

1.- **Luisana**, creció bajo el patrón psicológico de que los hombres en la pareja asumen la carga económica más importante, y su esposo era excelente proveedor.

2.- A pesar de tener un temperamento irascible, por sentir empatía con las personas dulces y afables, encontró en su esposo alguien al que no le gustaban ni la confrontación, ni las peleas y de un temperamento apacible.

En la realidad tal como le ocurrió a **Luisana**, pueden confluir en la misma relación situaciones agradables y desagradables, todas provocadas por nuestra percepción, que al interactuar con la percepción de la pareja, crean una realidad, que a pesar de ser la misma para ambos, es percibida y experimentada de diferente manera por cada uno. Aquí entra en juego la compasión y el amor hacia nosotros mismos, que nos exige desarrollar la capacidad de detectar nuestros fantasmas emocionales y las pautas negativas que arrastramos, y comúnmente proyectamos en las personas que atraemos a nuestra realidad.

Para trabajar esas pautas de manera personal y en primera persona, es decir yo atraigo, yo identifico y hago las correcciones en mis propias pautas para modificar esa proyección inadecuada y convertirla en una proyección mágica. Lo que realmente ocurre en la práctica, es que atraemos e identificamos la falla, pero pretendemos corregir, corrigiendo al otro en el caso de la pareja o a los otros, en el caso del resto de las relaciones, esta es la razón por la que no avanzamos.

Cuando nos paramos frente al espejo y nos vemos despeinados o desarreglados, no intentamos arreglar o peinar la imagen que se proyecta en el espejo, pero cuando nos arreglamos y peinamos, la imagen del espejo proyecta la corrección, es decir nos muestra peinados y arreglados.

Este trabajo debe hacerse con amor, ya que con amor tenemos la paciencia de identificar, fallas que compasivamente podemos intentar mejorar sin ser unos crueles críticos de nuestros errores, ya que cuando nos conectamos con nuestro lado negativo, surgen la rabia y la inconformidad que no nos permiten, pensar con claridad, ni tener buena actitud para encontrar salidas, sino que por el contrario nos paraliza y provoca que caminemos en círculos, motivo por el cual repetimos eventos y experiencias a lo largo de nuestra vida, en diferentes épocas y con diferentes personas, pero que como no corregimos no avanzamos.

Luisana, acudió a sus sesiones inicialmente con la intención de restaurar la relación matrimonial, observando de qué manera había influido negativamente en el deterioro de la misma, para tomar los correctivos e intentar que las cosas mejoraran. Este que era su principal objetivo, no fue alcanzado, y tuvo que reconducirse el trabajo para lograr que enfrentara y asimilara, el divorcio que al cabo de 08 meses se produjo irremediablemente; no obstante, enfrentó el duelo que fue más breve en función de que lo vivió con asistencia y acompañamiento terapéutico.

CAPITULO VIII AUTOSUGESTION

El cerebro posee la capacidad de amoldarse a situaciones a través del entrenamiento haciendo uso de la plasticidad neuronal, y en virtud de que el ser humano es producto del condicionamiento social, ha asumido posturas y pautas mentales como consecuencia del aprendizaje consciente ó inconsciente de dicho condicionamiento; ahora bien, cuando identificamos los cambios que necesitamos hacer podemos realizar un entrenamiento organizado y disciplinado a nuestras pautas psicológicas, uno de los mecanismos más eficaces es la autosugestión.

La autosugestión es el conjunto de ideas de las que nos convencemos de manera personal, porque consciente o inconscientemente hemos decidido que esa es la perspectiva que queremos tener acerca de una determinada situación, relación, experiencia, etc. Normalmente la autosugestión corriente a las que nos sometemos la dirigimos a nuestro consciente, y aunque tarda un largo período en implantarse, suele funcionar.

La autosugestión dirigida, a la que me referiré en este capítulo, va dirigida hacia el subconsciente que es la parte de nuestra mente más difícil de domesticar o condicionar, no porque sea más lenta en responder a nuestras peticiones, sino porque maneja información que no conocemos y su mecanismo es un misterio para el ser humano. He aquí una forma de dirigirse de manera sencilla a ella (la mente subconsciente).

De hecho las relaciones que atraemos y sostenemos en todos los sentidos son orquestadas por el subconsciente, que es el duro maestro que ordena y no sabe sugerir; la magia de las relaciones en este punto es, que nos muestran la información que habita en esa área de nuestra mente, es decir que mirando hacia afuera y observando nuestras relaciones, podremos saber lo que hay adentro y como usa las relaciones de vehículo para proyectarse.

De esta forma podemos saber que la misma mente subconsciente que nos lleva a una situación puede sacarnos de ella, siempre y cuando encontremos donde reside la orden que sigue nuestra mente para colocarnos en esa situación. En sentido práctico la autosugestión terapéutica tiene varios pasos:

1.- Identificar el problema o situación.

2.- Ver de qué manera se está manifestando.

3.- Qué clases de relaciones está afectando.

4.- Identificar la cicatriz o huella neurológica de la que se alimenta la situación o el conflicto.

5.- Generar la nueva orden que giraremos al subconsciente, mediante una meditación auto-guiada para desaprender la pauta errada y sembrar la nueva pauta.

1.- Identificar el problema o situación: Consiste en poder determinar qué área de nuestra vida nos está creando conflicto, lo cual puede hacerse observando nuestras sensaciones o sentimientos frente a una determinada circunstancia, trabajando sobre aquellas que de manera recurrente nos generan malestar emocional; por ejemplo, cuando identificamos que somos exageradamente susceptibles al rechazo, y repetidamente cualquier situación en la que percibamos que somos víctimas de rechazo, aunque no sea real, activa nuestro malestar, tristeza, rabia, etc..

2.- Ver de qué manera se está manifestando: Normalmente las dificultades que nos generan malestar emocional se presentan repitiendo patrones y sentimientos, tales como tristeza, enojo, angustia, inquietud, ansiedad, miedo; pudiendo identificar el sentimiento que experimentamos con mayor frecuencia podemos determinar como si se tratara de un termómetro, qué tan felices o inconformes estamos. En este caso, hay un sentimiento que se repite en situaciones similares, es decir, es ansiedad, o es rabia, o es tristeza; generalmente es un solo sentimiento o dos que se producen frente a eventos similares; ejemplo: Si el problema fuera de rechazo, siempre que nos rechacen experimentaremos el mismo sentimiento.

3.- Qué clases de relaciones está afectando: Regularmente nuestros conflictos se manifiestan mayormente en algunas de nuestras relaciones, no necesariamente en todas las aristas de nuestra vida, es decir, puede verse afectada la relación de trabajo con frecuencia, aunque nuestras relaciones de pareja fluyan de forma magnífica o viceversa, ver en qué tipo de relaciones se presentan los conflictos nos ayudará a circunscribir la solución a esa área de forma específica.

4.- Identificar la cicatriz o huella neurológica de la que se alimenta la situación o el conflicto: Una cicatriz o huella neurológica, tiene que ver con los recuerdos de las experiencias traumáticas de nuestra historia, que suelen aflorar en nuestra interacción humana, por ejemplo quien se sintió rechazado en su niñez, se vuelve susceptible al rechazo y magnifica las experiencias de rechazo convirtiéndolas en experiencias de tristeza y desolación muchas veces sobre-estimadas, ya que de pronto una persona que no tenga conflicto con el rechazo puede manejarlo con ecuanimidad y no tomarlo como algo personal o destructivo, sino simplemente como una experiencia de aprendizaje.

5.- ***Generar la nueva orden que giraremos al subconsciente mediante una meditación auto-guiada para desaprender la pauta errada y sembrar la nueva pauta:*** Cuando se han cubierto los puntos anteriores y el trabajo de identificación ha sido eficaz, resulta fácil ver cuál es la parte de nuestro subconsciente que está girando ordenes contraproducentes a nuestro consciente, para hacernos atraer personas y eventos no deseados, entonces partiendo de la orden errada podemos construir la orden correcta para con la técnica de la concientización y la repetición, sembrarla en nuestra mente a través de la autosugestión, como herramienta eficaz para esculpir nuestra personalidad.

Mónica, se alistó en el programa interesada en solucionar varias situaciones que le estaban generando problemas y que en general estaban afectando su matrimonio, entre otras cosas, estaba consumiendo licor con mucha frecuencia, su alimentación no era saludable y su rendimiento económico como vendedora había bajado; experimentaba para el momento insatisfacción y desmotivación.

Durante sus clases identificamos que había sido una niña muy criticada, por su baja capacidad de logro, no había sido muy atendida por problemas emocionales y psicológicos de su mamá, con la que vivía tras el divorcio de sus padres. En nuestras conversaciones identificamos que su sentimiento de insatisfacción y desmotivación no era nuevo, y le sugerí soñar con la persona que le hubiera gustado ser siempre, ya que había manifestado no sentirse amada y frustrada por abandonar las cosas que se trazaba a la mitad; fue lentamente haciendo una lista de lo que quería lograr con generosidad, por lo que nos encontramos con una gama de cambios profundos.

Había soñado con ser deportista, comer los bonitos platos coloridos de vegetales que veía en los restaurantes a sus amigas, incrementar sus ventas y obtener premios en el trabajo reflejados también en aumento de sus ingresos y algunas otras cosas, que se atendieron subsidiariamente.

Nuestra amiga no era una persona muy paciente, ni disciplinada, pero tales eran sus ganas de mejorar, que ejecutó al pie de la letra los ejercicios que se planificaron para su mejoramiento, que eran principalmente de auto-sugestión, en las primeras seis semanas, empezó a observar cambios favorables; le alentaron mucho los elogios recibidos por su esposo y compañeros de trabajo.

Durante el programa perdió doce kilos, empezó a caminar todos los días y posteriormente a trotar, decidió entrar en cuanto maratón se anunciaba en la ciudad, lo que esculpió su cuerpo físico de excelente forma. Añadió abandonar el vicio del cigarrillo y el licor, lo cual en un año había vencido completamente, la retroalimentación de su círculo jugó un papel importante, ya que constantemente le hablaban de su progreso lo que se convirtió en un estimulante efectivo.

Ante todo los cambios positivos a nivel físico, empezó a recibir adiestramiento financiero en el área de ventas, paralelamente al entrenamiento emocional, dicho adiestramiento incluyó la reingeniería de sus patrones relacionados a su percepción acerca del dinero. Tres meses después, empezó a experimentar el incremento en las ventas de la línea que tenía asignada en la empresa y al final del primer año de trabajo, vio el fruto a través de reconocimientos corporativos e incremento a sus ingresos.

Mónica actualmente tiene una vida completamente diferente, decidió cambiar de ramo y tiene su propio negocio, sigue practicando mucho deporte y se alimenta más saludable, lo cual se ha hecho visible en su apariencia física, ya que luce más atlética y juvenil. En su caso, logró cubrir todas sus expectativas, ya que gracias a su trabajo esmerado es otra persona, pero realmente la persona que siempre quiso ser.

Tuvo una función primordial la retroalimentación recibida por los seres de su círculo afectivo y laboral, las relaciones en este caso hicieron su magia para contribuir con el trabajo de autosugestión con el que ella paralelamente trabajaba para alinear su polaridad mental, recordemos que cuando trabajamos en nosotros mismos impactamos nuestro entorno, del mismo modo que nuestro entorno hace impacto en nosotros.

CAPITULO IX

DESAPRENDIENDO Y APRENDIENDO

Tal como se plantea en el capítulo de la autosugestión, nuestra mente ejecuta ordenes con base a un sistema de información que vamos acuñando desde nuestra infancia, y que almacenada en nuestra memoria, el cerebro utiliza en experiencias presentes cuando experimenta eventos relacionados con la misma, conectando nueva información con antigua información por medio de la utilización de la memoria asociativa.

Existen varias formas de explorar la información previamente almacenada que pueda estar en un momento determinado, interfiriendo con situaciones o eventos presentes, para realizar un replanteamiento o reprogramación de pautas mentales inadecuadas a través de diversos mecanismos.

Desde muy temprana edad y a medida que vamos creciendo, somos objeto de un condicionamiento familiar y social que alimenta nuestras pautas psicológicas, recibimos información del exterior que procesamos y asume nuestra psicología, parte de ese condicionamiento es formación que nos es impartida por nuestros padres y educadores, se suma una porción de aprendizaje autodidacta, hay una parte de sugestión y otra de autosugestión provenientes de las conclusiones que a través de las experiencias vividas, crea nuestra percepción y en consecuencia nuestra manera de ver la vida.

Lo expresado significa que las pautas aprendidas de contenido inconveniente pueden ser desaprendidas, y sustituidas aprendiendo pautas convenientes que apoyen nuestro desenvolvimiento emocional; en este punto el mecanismo más fácil y rápido de utilizar para aprender es la autosugestión consciente; ésta consiste en concientizar la presencia de la pauta inadecuada, la selección de la pauta correcta y el trabajo de implantación de la nueva pauta.

Con la autosugestión podemos cambiar, o tan solo mejorar o pulir las pautas o engramas sobre los cuales queremos trabajar, esta es una forma de desaprender conocimientos o condicionamientos que erróneamente hemos asumido como absolutos, desaprender significa entonces identificar algo que hemos aprendido previamente y que consideramos que es un conocimiento obsoleto o perjudicial y que podemos cambiar obteniendo un conocimiento nuevo para el manejo de las mismas cosas que nos genere beneficios a nuestras pautas emocionales y mejores resultados en nuestra interacción.

En mi trabajo como asesora de **mejoramiento de destrezas emocionales,** enfoco como primer paso el aprendizaje de pautas mentales de poder a través de la desincorporación (desaprender) pautas mentales tóxicas o despoderizantes, cobra capital importancia la sustitución de los miedos por pautas de coraje o valentía entre otras emociones que también se identifican y se entrena al estudiante para generar la destreza de reemplazarla.

Durante mi experiencia atendí a **Mabel**, quien acudió al programa con la intención de liberarse de un matrimonio que desde su punto de vista para el momento era tóxico, en principio manifesté lo que digo a todos mis estudiantes, "no deben tomarse decisiones importantes en estado de perturbación emocional", la ayuda que puedo brindarles es acompañarlos en recuperar el equilibrio emocional para lograr las condiciones y las destrezas que le permitan tomar decisiones de manera sensata y saludable y muy importante de forma ***personal***.

Mabel comentó durante su primera sesión que compartía una relación matrimonial de la cual tenía una hija, con una persona que paralelamente se relacionó sentimentalmente con uno de sus familiares, que esto había ocurrido con la connivencia de los miembros de su familia, quienes con poca moral y ética admitían algunos comportamientos fuera de lugar de su esposo, por tratarse de un excelente proveedor. Comentó que se trataba de un hombre ausente, que por razones de trabajo viajaba constantemente y pasaba el noventa por ciento del año fuera de casa. Ella habiendo sido sus primeras nupcias desde muy joven a pesar de haberse hecho profesional, nunca había trabajado y sentía terror de enfrentar la vida sin el soporte emocional y económico de su pareja, por otra parte existía el agradecimiento hacia su esposo por haber sido un soporte económico para ella y muchos miembros de su familia.

Evidentemente, al momento de tomar decisiones importantes en la vida de las personas, sobre todo si se trata de hacer giros notorios como los que constituye un divorcio, la idea de emigrar, etc., se presentan acompañados del miedo natural al cambio, a lo desconocido, a la pérdida de control, etc., no obstante hay personas que este tipo de decisiones las pueden afrontar con cierta facilidad, pero este no es el denominador común, la mayor parte de los seres humanos se paraliza ante decisiones importantes o las posterga repetidamente porque su nivel de miedo e inseguridad va más allá de lo que debe considerarse normal.

Mabel era una mujer timorata, con poca desenvoltura para enfrentar la vida, en parte porque la formación que recibió de sus padres indicaba que en la pareja, el hombre debe encargarse de solucionar la economía del hogar y tomar las decisiones importantes que envuelven a la familia, este tipo de información se convierte en el cerebro de las personas en un engrama o una creencia que puede en algunos casos ser paralizante. Cuando surgió la necesidad para **Mabel** de tomar las riendas de su vida, había una resistencia en la mente por la información con la que había crecido, y una parálisis causada por el miedo al no tener la destreza de gestionar la administración de su propia vida, en su caso como en el de muchas personas, no era consciente de que esta parte del problema no era atribuible al comportamiento de su esposo, sino a la omisión de no haber aprendido oportunamente a conducir su destino.

Se abordó el problema de la siguiente manera:

1.- Hacer que **Mabel** concientizara que su dificultad para tomar la decisión de divorciarse no estaba basada ni en el amor, ni en la costumbre de permanecer en pareja, sino en el miedo a enfrentar la vida.

2.- Reconocer los paradigmas o pautas psicológicas en las que radicaba ese miedo.

3.- Demostrarle que podía vencerlo y que la salida estaba en sus manos.

4.- Se colocaron ejercicios para liberarle de ese miedo en particular, y otros concomitantes.

5.- Concientizarle acerca de la necesidad de convertirse en una persona más segura con el mayor control posible de sus decisiones.

Cuando estuvo preparada, es decir su condición emocional era estable, serena y segura, procedió a tomar la decisión que había postergado por cinco años, para cuando esto ocurrió, todo fluyo fácilmente tanto para ella como para su esposo, ya que como se ha explicado a lo largo de este libro, los acontecimientos ocurren bajo la premisa de "como es adentro e afuera"; esto quiere decir, que cuando se sintió preparada para conversar con su esposo de manera asertiva, sin sentimientos de controversia y sin angustia en su interior, esta sensación se proyectó al exterior y fue recibida del mismo modo por su pareja, quien tras una negociación que no duró muchas semanas, aceptó divorciarse amistosamente.

Y **Mabel** fue capaz de tomar la decisión sin esperar la aceptación o el reconocimiento de sus seres queridos.

Uso un lema en mi trabajo, si alguien me dice, vengo para que me ayudes a divorciarme, le digo no puedo hacerlo, pero puedo ayudarte a sentirte tranquila(o) y seguro, para que seas capaz de tomar cualquier decisión.

CAPITULO X

CAMBIANDO DE RUTA

Tras una decisión importante suele aparecer la necesidad de efectuar un cambio de ruta, realmente esto ocurre porque la mayor parte de las veces nos sentimos en el punto cero, más adelante me referiré al punto cero, al realizar las recomendaciones del cambio de ruta.

Realmente el momento perfecto para iniciar el cambio de ruta, surge de lo que podríamos considerar la solución de un problema previo, probablemente cuando se sale del problema hay un poco de desorientación para identificar cuál es la nueva ruta que queremos emprender, pero ciertamente lo que si debe tenerse claro como resultado de la experiencia anterior, es la identificación de lo que no se quiere hacer, esto a su vez puede ser una buena forma de comenzar a enrumbar el enfoque, solo que estaríamos empezando por despeje, es decir buscar lo que nos gusta o deseamos, apartando lo que nos disgusta y no deseamos.

Arrancar de nuevo es un proceso que debe hacerse paso a paso, y debe vivirse y asumirse como un proceso al que hay que vivirle cada etapa con sus experiencias, causas y consecuencias, suelo argumentar a mis alumnos durante las clases **"no puede atravesarse un rio sin mojarse los pies"**, el significado de esta frase es que *cada fase de un proceso tiene una lección que debemos aprender o una experiencia por la que tenemos que pasar para* *llegar a la fase siguiente*, si saltamos una fase, probablemente no nos mojamos los pies, pero cuando nos demos cuenta, tampoco habremos atravesado el rio, es decir no habremos aprendido ni experimentado lo necesario.

Cuando en el proceso se cumple completando cada fase, el fin se alcanza, es decir se logra la superación verdadera del problema, en el cual no incurriremos nuevamente conscientemente, y si nuestro inconsciente recrea una situación similar en nuestra experiencia de vida, ya tendríamos las herramientas y la sabiduría para abordarla.

Para ilustrar un cambio de ruta, veamos lo que ocurrió a **Leonardo**, quien agobiado por problemas matrimoniales que lo tenían confundido y deprimido, por sugerencia de un familiar que previamente había realizado el programa, vino también con la intención de lograr algunas mejorías en lo que para entonces era su situación emocional.

Durante las sesiones **Leonardo** manifestó tener una relación matrimonial de 16 años con una mujer con la que sostuvo un noviazgo desde la adolescencia, y con la que había procreado dos hijos; para el momento de la primera sesión comentó que estaba experimentando desolación y tristeza por no sentirse apreciado y atendido por su esposa, lo que le hacía sospechar que el amor entre ellos se había agotado; al parecer había maltrato emocional de su parte, ya que según su decir se trataba de una mujer de temperamento fuerte, con un alto nivel de reactividad, exigente y en algunas situaciones indiferente, no obstante la describió como una excelente madre, ejecutiva exitosa y trabajadora, y excelente administradora del hogar. En el transcurso de las sesiones confronté la información suministrada con la observación de lo manifestado por

Leonardo acerca de su propia persona y su lenguaje corporal al tratar algunos temas, como afecto, seguridad, confianza, miedo, familia, futuro, etc., con la finalidad de encontrar no solo la opinión de **Leonardo**, sino también la información que su inconsciente podía aportar para complementar una posible conclusión y poder ayudarle a organizar sus ideas y mejorar su manejo de las emociones.

Dentro de las conclusiones que ambos abordamos encontramos lo siguiente:

1.- Leonardo es una persona de temperamento sumiso.

2.- Se había habituado a una relación en la que su esposa ejercía el control y debido a su personalidad, la consideración no era uno de sus atributos.

3.- La reactividad que se manifestaba entre los dos había generado distanciamiento y desamor, lo cual tenía la relación al borde del colapso.

4.- No obstante se trataba de dos personas trabajadoras, de buenos sentimientos, con valores familiares, con una gran identificación a la figura familiar, pero entre las cuales se perdió el norte del trabajo en equipo y la felicidad en pareja, el maltrato emocional entre ambas partes estaba haciendo estragos.

Cuando este tipo de situaciones se presentan hay dos salidas sobre las cuales es preferible no etiquetar cuál es mejor, solo que en ambos casos: a) Divorcio; b) Continuar juntos; para que ocurra de manera adecuada la solución, en este caso, siempre debe hacerse un cambio de ruta. Pareciera que solo hace falta el cambio de ruta cuando la salida es el divorcio, pero también hace falta cuando la pareja decide permanecer junta, ya que es una oportunidad en ambos casos de partir de cero;

en este sentido, el cambio de ruta supone no seguir haciendo lo mismo para que el resultado no sea el mismo, sino rediseñar las nuevas pautas sobre las que se trabajará para que la relación se reconstruya, y se dé lo que en algún momento dijo Einstein, si haces cosas diferentes, el resultado también será diferente. En el caso de **Leonardo**, él tomó la decisión de divorciarse tras intentos de solución y en consenso con su esposa, entonces vendría el siguiente paso que era el cambio de ruta.

Al cabo de unos meses, **Leonardo** conoció a alguien con quien empezó a salir, transcurrido un tiempo empezó a observar un desenvolvimiento en la relación similar al de su relación anterior, sorprendido retomó algunas sesiones para solucionar su nueva situación, y comentamos en esa nueva visita, que una de las sugerencias que se le habían dado en el primer programa, era tomarse un tiempo solo, no iniciar relaciones formales hasta haber sanado la anterior, trabajar insistentemente sobre su seguridad y autoestima que se encontraban lastimadas e inestables, pero obviamente el ser humano se resiste casi siempre a la soledad y en virtud del instinto gregario intenta volver a tener pareja en tiempo a veces muy breve.

El cambio de ruta en el caso de **Leonardo**, significaba tratar de escuchar las sugerencias, mejorar las debilidades que se generaron al salir de la relación anterior, dedicarse tiempo así mismo, trabajar sobre el merecimiento y prepararse. Una vez al haber identificado las situaciones que le generaban tranquilidad, alegría, apasionamiento, deseos de superación, entonces intentar compartir en ese estado de armonía y equilibrio con alguien más.

Tras una pérdida, una separación, la muerte, cambio de domicilio o cualquier cambio drástico en la vida, el espacio en blanco es conveniente, es fuente de madurez y de reorganización, por lo que debemos ir haciéndolo paso a paso, caminando y sin correr, lo contrario, genera situaciones en las que recreamos la basura emocional que traemos de la experiencia anterior sobre la experiencia actual, contaminándola e inexplicablemente repetimos la historia.

CAPITULO XI

SENSACION DE ENTRAMPAMIENTO

Cuando los sentimientos o conflictos emocionales nos hacen llegar a un punto de tristeza o depresión en que se pierde la perspectiva y la habilidad de encontrar salidas a los problemas, si se ha llegado a este punto, debemos reconocer nuestra incapacidad para solucionar y buscar ayuda, que en algunos casos debe ser médica, según la gravedad del asunto, pues la medicación es necesaria a veces para salir del hueco, cuando los niveles de abatimiento son muy altos.

Buscar ayuda, no es debilidad, sino pragmatismo e inteligencia emocional, es decir que no debemos hacernos los valientes cuando ya no lo somos, y las emociones no nos dan para más.

El ser humano toma decisiones constantemente, cuando decide de manera positiva, o cuando se paraliza omitiendo movimientos y acciones, se mueve en la diatriba y la incertidumbre que a pesar de ser pan nuestro de cada día en su vida, rehúye por comodidad, por miedo o por la necesidad de responsabilizar a otros de los resultados, lo cual de algún modo es igualmente comodidad. Es importante saber que hay pequeñas y grandes decisiones y que hay buenas decisiones que son tan difíciles, que aunque arrojen un buen resultado, nunca se sienten perfectas, sobre todo cuando se trata de decisiones que envuelven las emociones donde eventualmente lastimamos a alguien, o salimos lastimados.

Hay momentos en la vida del ser humano en las que experimenta **"sensación de entrampamiento"**, es decir se encuentra imbuido en una situación compleja de la que tiene identificado que debe salir, de la que quiere salir, pero que siente que no puede salir, por no tener los recursos o herramientas emocionales para afrontar la situación o por no ser lo suficientemente asertivo y valiente para asimilar que alguien puede salir lastimado y eso es parte del asunto.

La sensación de entrampamiento es un engaño de nuestra mente, que cuando se encuentra agobiada por los problemas deja de percibir claramente la realidad, en virtud de que las emociones negativas nos inundan, se hace difícil visualizar cualquier idea conectada con emociones positivas, pues el pesimismo y la incredulidad toman posesión de nosotros. Primeramente debemos decidir tomar acciones que nos conecten con el lado positivo de las cosas; una de ellas, es visualizar imágenes multicolores, con tonos vibrantes como los de un arcoíris, flores, paisajes, bebés de todas las especies, humanos o animales, para conectarnos con la dulzura de la infancia que habita el planeta, leer mensajes motivadores, los cuales abundan en las redes, hacer ejercicios consistentes en imaginar situaciones que contengan motivos de los ya mencionados, escuchar música alegre, prohibida la música melancólica, escuchar música clásica que tenga las vibraciones adecuadas, ejercitar la evocación de recuerdos nutritivos, agradables, felices, de la niñez, adolescencia y adultez, entre otras cosas.

Tomar acciones de muchas formas, además de acatar las sugerencias mencionadas, es importante evitar el aislamiento, hacer actividades en compañía, hacer ejercicios físicos, ya que somos los dueños y responsables de nuestras emociones; así como la alegría es nuestra y la disfrutamos, la tristeza también es nuestra cuando la experimentamos e igualmente tenemos que solucionarla por nosotros mismos, no existen soluciones externas, lo que viene de afuera es el reflejo de lo que experimentamos y está arraigado en nuestro interior, puede obtenerse apoyo, soporte, compañía de los seres amados o de otras personas, pero las soluciones son tan personales como las emociones.

Hace algún tiempo conocí a **Sebastián**, quien acudió a asesorías tratando de solucionar dos eventos negativos de su pasado que le marcaron profundamente, el joven salió con una chica por algunas semanas, compartiendo agrado mutuo, pero antes de convertirse en un verdadero cortejo descubrió que se trataba de una mujer casada con un sujeto peligroso, antes de establecerse una relación el esposo celoso dejándose llevar por la ira, la inseguridad y los celos, se presentó en la casa de **Sebastián** y acabó la fachada con múltiples disparos, pues había recibido la información de que éste había estado involucrado sentimentalmente con su esposa.

A partir de ese momento manifestó haber recibido múltiples amenazas, acoso y terrorismo emocional con llamadas a su persona y a familiares, destrucción de alguna de sus propiedades, lo cual lo sumió en una profunda angustia e incertidumbre durante aproximadamente 06 meses, pasado un tiempo el sujeto peligroso perdió la vida, y solo entonces disminuyó la sensación de peligro que experimentaba; en virtud de la terrible experiencia, pasaron más de 02 años sin relacionarse emocionalmente con otras chicas, por temor a repetir el episodio que tanto le había costado, ya que su familia había resultado salpicada por la anterior situación. Nuevamente un día en el gimnasio conoció a una mujer joven, profesional y bonita de la cual se sintió atraído y volvió a salir de nuevo, la mujer le dijo estar separada y tener un pequeño de 08 años de su anterior relación, después de haber compartido y salido por espacio de 08 meses en el que la familia de él la empezaba a integrar como la novia, y la familia de ella compartía como si se tratara del futuro compañero permanente de ella, un día cualquiera apareció de nuevo el papá del niño, de quien antes solo se sabía esporádicamente, esta vez para reclamar derechos de padre y de esposo.

Sorprendentemente, la chica que se acercó a **Sebastián** como una mujer separada, no había roto definitivamente su relación con su esposo y sostenía una relación estable con **Sebastián** y una relación furtiva con el hombre al cual seguía legalmente unida, al Sebastián descubrir las mentiras y deslealtad, increpó a su novia pidiéndole explicaciones y decidió rápidamente romper la relación entre ellos de manera radical, esta actitud de **Sebastián** inexplicablemente enfureció a la mujer, que en lugar de reconocer su error, sintió que éste no la entendía ni apoyaba, que la había usado y la abandonaba a la suerte de un esposo agresivo, ya que esta vez nuevamente se trataba de una persona con problemas de conducta.

Surgió la pregunta en **Sebastián**, porqué suceder algo similar otra vez?, porqué nuevamente se encontraba en peligro?, la situación se fue volviendo más compleja y la joven por razones probablemente económicas y/o presiones emocionales se reconcilió con su esposo, con el agravante que otra vez **Sebastián** recibió múltiples amenazas de muerte, nuevamente la angustia y la ansiedad se apoderaron de él y comenzó a entrar en depresiones frecuentes, se volvió monotemático, solo hablaba de su terrible situación, de su mala suerte, del peligro permanente en el que se encontraba, buscaba todo el tiempo compañía para retroalimentar su victimismo.

Después de haber asistido para recibir atención, y encontrarse insatisfecho y aún deprimido, vino a visitarme para probar nuevas técnicas de trabajo, aparte de identificar algunas razones por las que **Sebastián** caminaba en círculos, repitiendo historias similares, y no ser suficientemente selectivo para entablar relaciones saludables y convenientes, identificamos que tenía una terrible **"sensación de entrampamiento"**, esto hacía que ninguna solución le pareciera viable, ninguna salida posible y ninguna herramienta adecuada. El efecto de este esquema mental es que las personas muestran una resistencia que impide que realicen los ejercicios adecuados y ejecuten tareas de identificación y sanación de manera disciplinada y entusiasta.

Durante varias semanas se programaron ejercicios y tareas para la consecución de su recuperación, las cuales no alcanzaba a cumplir en más del 20%, esto al no mostrarle evidencia a su cerebro de que podía resolver, lo hacía avanzar tan poco, que si faltaba a una sesión y se espaciaba la secuencia, retrocedía nuevamente. Esta sensación de entrampamiento requiere un mínimo de apertura emocional y flexibilidad interna, no hace falta confiar demasiado en la solución, es suficiente solamente tener muchas ganas de trabajar en ella, para que a partir de ese trabajo el cuerpo y la mente respondan rápidamente y se pueda percibir la mejoría suficiente en el estado de ánimo para que se despierte el espíritu de lucha y la capacidad de logro. He comprobado que obtiene más resultado no **quien cree más que puede mejorarse, sino quien se esmera más en mejorarse.**

Es importante recordar que una trampa es un engaño, y nuestra mente en virtud de que se comporta como un simulador, bien sea a través de los recuerdos o a través de la imaginación, es tan habilidosa en el terreno de la trampa, que nos puede envolver haciéndonos creer que estamos perdidos y todo como resultado de la autosugestión negativa que se produce cuando estamos deprimidos.

Evidentemente **Sebastián** no logró mejorar su sensación emocional que era aguda, y fue tratado paralelamente para recibir medicación de un especialista, para llevarlo a un estado de equilibrio suficiente que le permitiera acudir nuevamente a sus sesiones para aprovechar el efecto de los ejercicios que por su condición no realizaba adecuadamente.

El hecho de repetir eventos similares, es parte de lo que nos muestra las relaciones que funciona como un espejo para identificar nuestras fallas, si no somos capaces de mejorar en función de esa observación, el evento vuelve a aparecer en otra relación, en el caso de **Sebastián** fue en una relación de pareja, pero puede darse el caso de aparecer en relaciones de diferente tipo; justamente esta es la magia de las relaciones, que nos lanzan constantemente pistas para nuestro mejoramiento, que funcionan si logramos identificarlas.

CAPITULO XII
BLOQUEOS PERSONALES

El temor del ser humano a sentirse imperfecto o identificar lo que considera como defectos, generalmente lo pone a la defensiva a la hora de emprender un trabajo de mejoramiento, bien sea a través de la autogestión o con la ayuda de terapeutas, lo ideal para vencer esta actitud autodefensiva es entender que más que imperfecciones o defectos, tenemos rasgos en desarrollo sobre los cuales podemos trabajar para pulirlos y lograr el crecimiento que anhelamos. Las personas esperan que se les diga lo que desean escuchar para apaciguar o acallar voces internas de culpa, miedo o auto-reproche, pero la forma de dirigirse a la plenitud es tratar de salirse del televisor y dejar de ser el protagonista para mirarse en segunda o tercera persona, solo así se logra una conexión lo más objetiva posible para avanzar más rápido.

He atendido en mis programas personas que por largo tiempo insisten en caminar en círculos por resistencia a aceptar que todo cuanto ocurre a su alrededor, es la manifestación de un patrón interior que está en sus manos moldear o mejorar.

Esta es la historia de **Emilia**, quien asistió a consultas puntuales con la intención de mejorar la relación que tenía con sus hijos Elías y Carmen, a quienes desde los 12 y 14 años siguió criando sola tras el divorcio de su esposo. **Emilia** de 66 años se quejaba de recibir poca comprensión y manifestaciones afectivas por parte de sus hijos, quienes para la fecha ya estaban casados, uno de ellos divorciado y quienes le habían dado cada uno 2 nietos, la conducta poco comprensiva y afectiva de los hijos de **Emilia** era extensiva también a sus nietos, quienes manifestaban igualmente apatía en el trato con la abuela y conducta poco afectiva.

Tras una serie de conversaciones, en primer término traté de hacer entender a **Emilia** que *la realidad era el espejo de nuestro mundo interior*, pero esa frase debía ser contextualizada en su vida, por lo que entre preguntas e historias, logramos identificar que a pesar de que **Emilia** fue una hija amorosa, comprensiva y compasiva, el mensaje que había transmitido a sus hijos, era que ella no era lo más importante, ni para ella, ni para ellos; obviamente esta no fue su intención o al menos esto no fue lo que planificó, pero este fue el resultado de lo que con sus actitudes transmitió a sus hijos mientras los educaba, hubo muchas frases en las que manifestó haberle dicho a sus hijos "ustedes son lo más importante que tengo en la vida", "lo que más me hace feliz es que se dediquen a sus cosas y a lo que los llena", "si no pueden venir a visitarme porque tienen ocupaciones, lo entiendo". Cuando estaba enferma pedía ayuda a sus amigas y le decía a sus hijos que no se preocuparan que ella iba a solucionar para que ellos no abandonaran sus quehaceres, que debían centrarse en sus parejas e hijos, aunque estos mensajes no son del todo negativos, dejaron a **Emilia** fuera de la ecuación de la vida de sus hijos y sus familias, quienes se encontraban cómodos en su mundo y pensaban que su mamá también lo estaba, inconscientemente los liberó de las responsabilidades naturales de los hijos con los padres, de la importancia de la interacción de los hijos con la madre y abuelos, del enriquecimiento de las relaciones familiares, lo que alimentó su egoísmo y apatía.

Emilia al momento de acudir a sus sesiones no se sentía amada y en algunas ocasiones se sentía maltratada por el desapego de sus hijos.

Cuando se analiza la carga emocional que los hijos reciben de sus padres, no debe solamente tomarse en consideración la fecha en la que un problema nos aqueja o aparecen los síntomas del malestar emocional, para ayudar a **Emilia** la hice reflexionar acerca de: 1.- La edad que tenía cuando se embarazó de cada uno de sus hijos, 2.- Cuáles eran sus percepciones acerca del mundo en esos momentos. 3.- Analizamos sus percepciones para cuando sus hijos eran niños, y adolescentes, 4.- Analizamos además los hábitos de ella durante la crianza de sus hijos.

Se identificó que durante la infancia y adolescencia cada uno de sus hijos, pasaba muchas horas en sus habitaciones, que eran un tanto huraños y que ella respetaba sus espacios, aparentemente demasiado y no entraba para no invadirlos; el resultado de ello, fue poco contacto físico y evidentemente dificultad en la transferencia afectiva.

Llegó entonces el momento de afrontar la realidad, **Emilia** estaba cosechando lo que inconscientemente había sembrado, se dio cuenta que en su juventud también manejó mucho el desapego y no era muy cálida en su trato. Vuelve a surgir nuestra muy utilizada frase **"como es adentro es afuera"**, solo que el filo de este cuchillo corta sin compasión cuando está afuera.

La buena noticia es que no importa qué edad tengamos y cuanto nos hayamos equivocado en nuestra vida en el manejo de nuestras relaciones, en cualquier momento podemos generar la destreza de aplicar correctamente la mencionada frase, porque para nuestra fortuna ella funciona hacia adelante y hacia atrás, es decir al limpiar nuestra percepción acerca de un tema, corregimos nuestra relación con ese tema hacia el futuro y se mejoran las relaciones en las que nos hayamos equivocado en el pasado, basta con que concienticemos activamente el cambio de percepción. Ejemplo: Cuando corregimos nuestra manera de percibir el afecto y lo expresamos de la manera correcta, vemos el resultado positivo en las nuevas y en las viejas relaciones.

CAPITULO XIII

IDENTIFICANDO NUESTRO NIVEL DE DESTREZA EMOCIONAL

El manejo de las emociones, es igual al manejo de cualquier tema o habilidad en la vida, la destreza en lidiar con ellas y fluir en nuestra experiencia, se genera como tantas otras destrezas, por *repetición*. Si somos torpes en el manejo de las emociones e insistimos en realizar actividades en las que nuestra falta de destreza o torpeza emocional nos sabotee, el repetido error nos generará frustración. No obstante, si aprendemos y desarrollamos herramientas en el manejo de las emociones y aplicamos repetidamente esas herramientas, aprenderemos y desarrollaremos la capacidad de ser seres diestros y emocionalmente hábiles, lo que sería equivalente a una persona que aplica inteligencia emocional.

Ahora bien, ¿cómo puede determinarse cuál es el nivel de destreza emocional que se posee?; en mi experiencia como motivadora y después de años de observación, he podido concluir que la mejor manera de medirlo es evaluar las relaciones interpersonales, una persona emocionalmente hábil crea y sostiene en su círculo total, relaciones saludables y en algunos casos duraderas y/o enriquecedoras.

En principio, si se tiene esa destreza puede decirse que el volumen de relaciones saludables no necesariamente debe ser total, pero sí de alto volumen, en el entendido de que en las relaciones siempre participan o interactúan dos personas o más. Las relaciones pueden ser duraderas a veces, porque sencillamente hay relaciones en la vida de las personas que son eventuales o de paso, que por su naturaleza no necesariamente deban perpetuarse en el tiempo, como es el caso de las personas que se conocen durante las vacaciones o trabajos de corta duración, etc., no siempre son nutritivas, pues depende de la calidad o valores humanos de las personas, pero incluso este tipo de relaciones cuando hay destreza emocional pueden ser saludables, es decir fluidas mientras se sostienen, y distantes por razones de evitar toxicidad emocional por incompatibilidad o intereses no comunes, como suele ocurrir con las parejas anteriores de una actual pareja o la familia política que nace después del matrimonio.

He tenido la oportunidad de compartir y adiestrar personas como motivadora que se auto-etiquetan como hurañas, solitarias, o que sencillamente no les agradan las personas, disfrutan en exceso sin compañía y algunas prefieren libros, mascotas, etc., he observado que muchas de estas personas son tímidas, miedosas, personas con mucha carga de ira interior, lo que he llamado en muchos de mis cursos como incapaces emocionales, por la sencilla razón de que las especies suelen compartir entre ellas, no es usual ver un león que prefiere andar en una manada de tigres porque le desagradan los leones, o monos que abandonen su manada porque prefieren andar con los pájaros u otros miembros de otra especie; lo natural, es que se encuentren cómodos con otros miembros de su especie, salvo las excepciones de apareamiento, liderazgo, etc..

Probablemente este tipo de situaciones es más visible en los seres humanos pues son conscientes de algo que se llama emociones, los temores, el egoísmo, la rabia, el sentido de competencia, la crítica, el rechazo, el abandono y otros sentimientos a los que pueden sentirse expuestos y no saben manejar y les impide incorporarse como parejas o miembros de grupo, pero en el fondo esto no es más que falta de destreza emocional para fluir en la humanidad.

Martina es una mujer de 39 años, soltera, que vive con su madre y la pareja que ésta tiene desde que ella tenía 05 años, también con sus 02 hermanos fruto de la segunda relación de su madre, desde las primeras sesiones, **Martina** mencionó tener dificultad para tener relaciones personales permanentes, ya que a pesar de tener facilidad para hacer amistades, estas terminaban al cabo de meses o pocos años de manera drástica produciéndose una ruptura total; de manera similar no lograba relaciones de pareja que superaran los 08 meses y se llevaba mal aproximadamente con el 80% de los miembros de su familia.

En las tempranas conversaciones, parecía una mujer apacible y dulce; sin embargo, a partir de la cuarta sesión, pude notar que se trataba de una persona con mucho rencor acumulado y problemas en el manejo de la ira; inicialmente lo noté cuando la misma se refirió a los problemas que tenía con su mamá, con la que diariamente tenía altercados y discusiones, de algún modo acudió a buscar ayuda por sugerencia de ella quien la acusaba de ser la responsable de los conflictos de la casa.

Pude notar que la forma en la que **Martina** solucionaba las diferencias con las personas, era completamente inconveniente, fácilmente explotaba frente a la crítica y era incapaz de escuchar completamente una idea que fuera contraria a su punto de vista, sin que se exacerbara su enojo, ante el mínimo cuestionamiento de algún miembro de su familia se sentía mancillada y desvalorizada, lo cual evidentemente tenía una raíz en su manera de percibir la vida, ya que no se sentía parte de la familia porque según su decir la trataban diferente por no ser hija del mismo papá de sus hermanos.

Se auto-etiquetaba como una persona huraña, pero más que huraña era una persona conflictiva y reactiva, que actuaba a la defensiva la mayor parte del tiempo. Nuestro punto focal de trabajo fue hacerle ver que era una persona intolerante con dificultades para escuchar, se trabajó en el mejoramiento de la autoestima y la seguridad personal para disminuir la sensación de amenaza en la que vivía, para desarrollar referencia interna y corregir su susceptibilidad a la crítica, todas esas medidas estuvieron encaminadas a incrementar sus destrezas emocionales en la interacción, para enseñarle a disfrutar de las relaciones con los vaivenes naturales de las mismas, es decir, los acuerdos y desacuerdos que se pueden enfrentar debido a la diversidad de ideologías y percepciones acerca del mundo.

Martina fue bastante receptiva a los ejercicios y al término del programa había logrado cambios en un 60%, lo que para ella era bastante bueno pues empezó a experimentar bienestar emocional al lado de sus seres queridos, sin necesidad de que hubieran desaparecido las características personales de ellos con las que no estaba de acuerdo.

Es claro que **Martina** continuaba en un camino de mejoramiento ya que la vida ni ningún adiestramiento nos gradúa de personas perfectas, pero si nos mantenemos enfocados en ser mejores cada día, lo lograremos, y esta ha sido hasta el presente la motivación de **Martina**.

CAPITULO XIV
LA VIDA ES UN PUENTE

La vida está compuesta de antagonismos que experimentamos en todas las áreas de nuestra vida, lo cual incluye las relaciones; esto ocurre porque nuestra mente se mueve en la polaridad, mira los extremos es decir los polos opuestos, pero es ciega en la mitad, le cuesta interpretar los grises, si utilizáramos la metáfora de que la vida es un puente podríamos explicarlo de la siguiente manera, cada baranda del puente es un polo, podría decirse que un polo representa el placer, y el otro lo representa el dolor, cuando se atraviesa un puente nadie se queda pegado en un solo lado pues las barandas son puntos de apoyo, para atravesarlo; no obstante nos movemos y desplazamos en el trayecto central.

Cuál es el peligro de apegarse a un solo lado? el que se apega a la baranda del placer, se hace adicto a éste, el que se apega a la baranda del dolor se apega al sufrimiento, las experiencias en la vida tienen cambios, picos que van y vienen, pero como son dinámicos, no se estancan en ningún lado para no coagularse. Sin embargo el ser humano al ejercer el libre albedrío elige una de las opciones, manejarse en el desequilibrio que es apegarse a una de las barandas, o vivir en el equilibrio que es tomarlas esporádicamente y soltarlas aplicando inteligencia emocional para seguir adelante, es decir fluir por el trayecto central.

Ahora bien, porque el ser humano tiende a aferrarse a uno de los dos lados, sencillamente porque el cerebro es básicamente vicioso, pues administra neuroquímicos a los que se adapta, acostumbra y hasta se vuelve adicto, pero ambos apegos son peligrosos, el tocar los lados y caminar por el centro es la experiencia acrobática más placentera e interesante que existe. En mi experiencia al impartir programas de excelencia personal he tropezado con las dos clases de adictos, los viciosos inconscientes al placer y los viciosos patológicos del dolor, lo que tienen en común es "el entrampamiento"; a veces no salen aunque lo deseen y en pocos casos sobre todo los adictos al placer no salen porque no lo desean.

Es entendido que la motivación para abandonar cualquier clase de apego en principio es el haber concientizado el daño que el apego pueda causarnos, y no precisamente que lo que constituye el apego ha dejado de gustarnos, por lo que lo más complejo es trabajar adicciones a cosas placenteras.

Hace algún tiempo atendí a quien llamaremos **Abelardo**, un hombre de 42 años, profesional, soltero, quien se quejaba de sentirse solo, a su edad aún no se había casado a pesar de haber tenido numerosos intentos; según él mismo comentó, había tenido en los últimos años un promedio de 02 novias al año, sus relaciones no pasaban de 08 meses, percibía que no tenía suerte en las relaciones de pareja pues no podía acoplarse ni sentirse cómodo con ninguna.

Durante las sesiones descubrí que la sensación de incomodidad surgía paralelamente cuando disminuía su sensación de placer, ya que le era fácil aburrirse de las cosas y las personas, necesitaba un estímulo adicional para sentirse enganchado; al aparecer la rutina que para él ocurría rápido, se desinflaba como un globo y empezaba a mostrar el desinterés que la otra personas percibía, facilitando el fin de la relación.

Durante las sesiones tratamos de identificar el problema y estuvimos de acuerdo en que tenía una extraña adicción al enamoramiento, por las sensaciones que el mismo genera en los primeros meses de las relaciones, y que al disminuir esos picos desaparecía su interés, entonces no se trataba de las personas o del comportamiento de las mismas, se trataba de su adicción a la bioquímica de sentirse enamorado que no sobrevivía ni siquiera al más leve apaciguamiento de ésta.

Trabajamos en la concientización del asunto, y en la necesidad de madurar el concepto de pareja que estaba manejando **Abelardo**, a los efectos de que integrara los detalles necesarios para que su pareja evolucionara hacia una posible esposa con quien formar una familia, pues evidentemente sin darse cuenta era un novel novio permanente.

Después de varias sesiones ya el problema estaba solucionado en el sentido de que ya nuestro amigo se encontraba consciente del asunto y logró integrar los elementos necesarios para mejorar su punto de vista hacia lo que una pareja debe ser, para que evolucionara hacia la permanencia, pero evidentemente la adicción al placer de saltar de chica en chica, no se corrigió completamente, ya que él se cuestionaba la decisión de organizar su vida, o experimentar una vida placentera que realmente había disfrutado hasta la fecha; la dualidad lo asaltaba, esto demuestra que no solo es necesario concientizar una dificultad emocional, además es necesario encontrar las mejores razones para hacer los cambios y entender que no hay adicción positiva, como se ha expresado, el secreto está en el equilibrio.

CAPITULO XV

LAS PERSONAS Y LAS RELACIONES

A lo largo de mi experiencia como instructora he tenido la fortuna de interactuar con muchas personas, con una diversidad de conflictos lo cual me ha permitido identificar una tipología de perfiles emocionales para enfrentar la vida, algunas con facilidad para aprender y desarrollar destrezas en el manejo de las emociones, otros con dificultades y bloqueos en ocasiones insalvables.

Tal como dice el Curso de Milagros, palabras más, palabras menos, "recibes lo que das", si no puedes identificar lo que estás dando trata de observar lo que estás recibiendo, esto último te dará la clave de aquello en lo que debes trabajar, este mensaje he tratado de inculcarlo en las personas que me seleccionan como compañera o asesora en su trabajo de mejoramiento personal y en mis propias palabras suelo enseñarles a interiorizar la frase que dice ***"COMO ES ADENTRO ES AFUERA"***.

Me he topado con diferentes alumnos, algunos de ellos en más o menos las siguientes situaciones:

1.- El adicto a las asesorías y las terapias, que no para de buscar y aprender, pero desecha la información y no la aplica:

Es común encontrar personas que asisten a recibir couching emocional frecuentemente; en mi práctica profesional atiendo alumnos que han acudido anteriormente a diversas asesorías de excelencia personal; un 40% aproximadamente de las personas que atiendo, asisten como noveles participantes. Es igualmente común conseguir personas que tras muchas asesorías no manifiestan mejoría sustancial, muchas de esas personas asisten a cursos y entrenamientos para alimentar el sentimiento de proactividad o la idea de que aplican inteligencia emocional, que en realidad no sienten, pero que desean que los demás perciban; la mayor parte de las veces obtienen certificados que no manifiestan en su diario vivir porque no llegan a entender que el mejoramiento personal consiste en aprehender herramientas e integrarlas al perfil psicológico y la personalidad, aunque parezca increíble, este tipo de personas suelen ser muy resistentes a los cambios.

Mariana, es una joven empresaria que acudió a los programas buscando organizar su vida sentimental y financiera, paralelamente al adiestramiento cursaba una especialización en couching ontológico y había recién terminado varios cursos unos tras otro de programación neurolingüística, maestría de reiki entre otros; no obstante, fue fácil identificar durante las conversaciones falta de enfoque y de disciplina en las actividades personales y de su empresa, además de pereza y postergación. Se realizó un plan de trabajo para alinear su perfil psicológico en función de lo que estaba buscando, pero fue complicado obtener una mejoría de más de un 30% porque la postergación y la pereza le dominaban, identifiqué que era una de estas personas adictas al adiestramiento, que no integraba la información aprendida a su vida, pero que era una verdadera biblioteca caminante de recursos y herramientas de evolución humana, lo que popularmente encajaría en el refrán **“consejos**

vendo para mí no tengo". Algunas de las dificultades de ella fueron identificadas analizando la calidad de sus relaciones, verificando las imágenes que proyectaba, estas fueron validadas en varias conversaciones.

2.- El adicto al sentimiento de he hecho todo pero no logro nada:

Este tipo de personas está constantemente buscando soporte y apoyo, pero su respuesta al apoyo, es decir: "eso ya lo hice", "aquello también lo intenté", "esto no da resultado", "aquello en mi caso no funciona", "he aplicado muchas cosas, pero hay algo que no se qué es que no me deja mejorar o avanzar", evidentemente la adicción al victimismo que se convierte en un dolor placentero a pesar de tenerlo identificado, no les deja tener la apertura mental y el entusiasmo emocional para migrar a un estado de plenitud y alegría.

Endrina una mujer de aproximadamente 52 años, participó en una formación de evolución humana, tratando de corregir un sentimiento de inconformidad y tristeza, relacionada con el trato de sus hijos hacia ella, así como su dificultad para integrar una nueva pareja a su vida, que hiciera buena relación con sus hijos; tras repetidas y largas sesiones, se identificó a una mujer controladora, dominada por el ego para quien existía una sola forma de vivir la vida, es decir con poca flexibilidad interior, con problemas de transferencia afectiva y por ende de experimentar amor.

Suele ocurrir que las personas con dificultad para experimentar amor, para sentirse amadas, necesitan que el entorno les complazca, es decir que las personas en su círculo cercano se comporten y la traten como ellas piensan que es correcto, nada puede salirse de ese formato porque es incorrecto y contra ellas, suelen usar la manipulación que generalmente se basa en su estado de ánimo determinado (rabia, tristeza o hasta malestares físicos) para lograr lo que quieren, en virtud de que su requerimiento es una quimera, terminan víctimas del entorno por su propia elección.

Endrina tuvo 04 hijos ya adultos para el momento, 02 de ellos con pareja, ella pretendía estar todo el tiempo en su compañía, almuerzos, vacaciones, etc., este comportamiento cuando se trata de adultos puede ser invasivo, y el invasor en ocasiones da el mensaje a los otros de que puede ser invadido, cuando **Endrina** decidió tener una pareja estable nuevamente, ella y su pareja se encontraron sin privacidad, y con muchas opiniones para escoger restaurantes, destinos de vacaciones, actividades los fines de semana, etc.

Durante las conversaciones identifiqué que **Endrina** no estaba dispuesta a hacer cambios en sus hábitos y rutinas personales, ni familiares y que pretendía que su nueva pareja hiciera todos los cambios para acoplarse a ella, igualmente noté que al tratarse de sus hijos, tenía una posición invasiva y controladora, y de no aceptación hacia las elecciones de estos. Fueron múltiples las conversaciones y suministro de herramientas para tratar de sembrar un poco de flexibilidad interior en ella, en el entendido que estadísticamente las personas que poseen una alta flexibilidad interior, son las más longevas y generalmente son las más felices; no obstante, me encontré siempre con las frases mencionadas al principio de la narración, cuando le indiqué las herramientas a usar en su caso, ejemplo: "eso ya lo hice", "esto no me gusta", "aquello ya lo intenté".

Evidentemente **Endrina** había seleccionado mantenerse en la posición de víctima antes de acudir al entrenamiento, ya que su mayor bloqueo, es que quería cambiarlo todo sin cambiar ella, como no lo lograba, tenía episodios de frustración y tristeza cíclicos. Entre otras cosas durante el proceso se hizo entender a **Endrina**, que en gran medida sus conflictos interiores se estaban encarnando en sus relaciones, y esto se le fue demostrando analizando cada relación tóxica de la que se quejaba, no obstante no es suficiente la identificación del hecho de que las personas nos hacen de espejo, lo más importante es ver y aprender cómo mejorar nuestras pautas psicológicas para hacer mejores proyecciones y tener mejores relaciones.

3.- El que no memoriza ni aprende todo, pero aprende al menos lo más importante para mostrar cambios visibles: Este tipo de sujetos suele tener una gran capacidad de análisis y para identificar lo que en un momento en concreto está buscando, no suelen ser estructurados ni organizados, pero pueden apelar a la disciplina selectiva para hacer lo que necesitan puntalmente para solucionar algo determinado, terminan convirtiéndose en facilitados exitosos, quienes convencidos por la evidencia, suelen animarse posteriormente a solucionar o mejorar pautas secundarias.

Khaled es un comerciante de aproximadamente 38 años que acudió a los adiestramientos para manejar ataques de pánico y ansiedad de los que venía padeciendo desde 3 años antes de nuestra primera cita, mencionó haber recibido atención médica para ello y haber sido medicado en una oportunidad, con un éxito del 70%, al regreso de los síntomas decidió que quería probar un método diferente y vino a probar nuestro sistema; al momento trabajaba duro en su negocio de compra y venta y manifestaba estar viviendo una relación de pareja tormentosa, tras varias sesiones y conversaciones se identificó miedos e inseguridad a nivel emocional ya que para los negocios mostraba gran destreza y habilidad, los miedos e inseguridad aparentemente estaban relacionados con las dificultades que enfrentó tras haber emigrado desde su país de origen árabe a un país de habla hispana solo y sin dinero, la separación de la familia y las dificultades típicas de iniciar una nueva vida sin ayuda, acompañada de una sensación de soledad, que a los pocos meses de su llegada al país desataron ataques de pánico, diagnóstico que había recibido por su médico tratante.

En virtud de que el español no era su lengua nativa, no pudo utilizar algunas herramientas como audio-libros y videos que eran recomendados en el programa en lengua castellana, pero debido a su determinación y valiéndose de las herramientas compartidas durante las sesiones, rápidamente solucionó el problema.

A pesar de que en el adiestramiento se imparte un enfoque integral para solucionar el manejo de varias emociones tóxicas, éste comprendiendo sus limitaciones no se dio por vencido, sino que selectivamente busco traducciones al árabe de algunos temas recomendados, y practicaba los ejercicios exclusivos para el control de la ansiedad y el manejo del pánico, convirtiéndose en ese facilitado exitoso que he mencionado, no obstante debido a lo satisfecho que estaba con su resultado, decidió pulir otras pautas psicológicas a su elección, lo cual significa que no empleó todas las herramientas, que no trató de solucionarlo todo, pero inteligentemente se esmero por solucionar lo que el mismo consideraba eran sus principales debilidades y que coincidían con las identificadas en las sesiones.

Se orientó en todo momento el trabajo enfocando a **Khaled** en la observación de los mensajes que le enviaban los reflejos de su personalidad en las relaciones que fomentaba, principalmente en las relaciones de pareja que era donde básicamente proyectaba sus miedos e inseguridad, para hacer reingeniería en sus hábitos y rutinas para eliminar la toxicidad que venía reciclando.

4.- El que aprende solo lo que le gusta y desecha el resto de la información porque no es exactamente lo que está buscando en ese momento, aunque esté consciente de que le sumaría a su vida:

He atendido igualmente personas que se suscriben a un programa integral de mejoramiento pero son cerrados y a veces monotemáticos, solo hacen los ejercicios que les agradan, leen el material que les parece divertido o interesantes desde su punto de vista, ven los videos que les entretienen, pero pretenden el mejoramiento total sin tomar en consideración el contenido terapéutico de las recomendaciones que debería ser atendido en su totalidad.

Simón es un caballero de 44 años, afecto a la lectura de libros de auto ayuda y temas espirituales, decide ingresar al programa para solucionar un problema que definió como dificultades para el manejo de la ira e infidelidad incontrolable, disciplinadamente acudía a sus sesiones y compartía largas conversaciones en las que recibía recomendaciones y ejercicios, se compartía la identificación de fallas y posibles soluciones. Pero **Simón** es el tipo de persona que solo hace lo que le gusta, incluso si se trata de una prescripción médica.

Si alguien que quiere solucionar dificultades y mejorar condiciones de vida, pero no es abierto para las soluciones que se le suministran, excusándose detrás del "no puedo", cuando resulta fácil identificar que tan solo "no le gusta", evidentemente no va a obtener la solución del problema. Un ejemplo de esto es el siguiente: Para solucionar el problema de la ira se le recomendó como una actividad importante escuchar materiales de audio, **Simón** expresaba, "no puedo porque no soy auditivo", para el manejo de la frustración debes entre otras cosas repetir algunos mantras, y de 6 que se le suministraron para diferentes efectos, solo le gustaron 3 y solo esos utilizó, al final se preguntaba pero es que no entiendo porque no he mejorado más, la respuesta obvia que no lograba ver es que no había hecho lo que se le había indicado.

Simón era una persona altamente irascible, y al momento de recibir el programa estaba teniendo diversos conflictos familiares y de pareja, relacionados con su dificultad para manejar la ira y el comportamiento agresivo de algunos miembros de su familia, se pudo notar que fácilmente se veía envuelto en discusiones, por lo que se trabajó en hacerle reflexionar acerca de la calidad del tipo de relaciones que estaba cosechando, cuyo punto en común era la agresividad.

En el sentido de lo expresado se le hizo concientizar que lo que se revela ante nuestros ojos en las relaciones es una porción de nuestras emociones, y que el ambiente hostil en el que se movía, era producto de su energía interior, que se hacía urgente solucionar, para mejorar su vida.

a nivel de pareja, se identificó mientras cursaba el programa, que atraía a su vida

5.- El terco que se niega a aceptar el diagnóstico e identificar sus fallas porque lo domina el ego, aún sintiéndose al descubierto:

Este es el alumno que acude con un auto-diagnóstico de su problema y una concepción personal de lo que se debería hacer, oye pero no interioriza el diagnóstico que se le da, recibe las herramientas y las menosprecia, se refugia en las conversaciones eventuales con el instructor para tener una tranquilidad momentánea, que se irá a las horas o días de abandonar la sala.

Diego es un empresario que acudió a las sesiones buscando solucionar un problema con su hija, que se encontraba determinada a emigrar, a sus tempranos 18 años, Soledad su hija, una chica tímida, reservada e introvertida que también acudió a las sesiones por sugerencia de su padre, quien amorosamente le regaló el programa, pero en este caso nos referiremos inicialmente a la actitud de **Diego**, al conversar con él fue fácil detectar que se trataba de una persona autoritaria, dominante y controladora, cuando conversamos acerca de los probables problemas de Soledad, quien aún no había asistido a sus sesiones, se sugirió que probablemente la misma quería salir del seno del hogar por sentirse asfixiada, por excesivo autoritarismo y control, porque tal vez no se sentía con la destreza emocional para comportarse como quería ser, sin confrontar a su padre, no manejar argumentos ni ser suficientemente recursiva para convencer a alguien con dificultad para escuchar abiertamente, cuando se trataba de opiniones diferentes a la suya; siendo quizás Soledad, una persona llena de temores.

Evidentemente **Diego** había acudido a explorar acerca del programa para cursarlo, antes de obsequiárselo a su hija, con un auto-diagnóstico y un diagnóstico acerca de las dificultades emocionales de su hija, manifestando al término de la conversación que pensaba que los problemas de su hija podían ser solucionados por su mamá, pero que de todos modos la inscribiría en el programa para ver qué pasaba y para complacer a su madre.

Después de haber tratado a Soledad quien participó también del programa completo, se pudieron corroborar muchas de las conjeturas realizadas durante la conversación sostenida con su padre en las citas a las que el mismo acudió para colaborar en el entendimiento con la decisión de hija, la chica quería mudarse para sentir que lejos del hogar podía ser ella misma.

El diagnóstico que se había realizado de la situación planteada resultó ser acertado, no obstante no era aceptado por **Diego.**

El referido caso es la muestra de las dos caras de la moneda, de cómo el cerebro se mueve en la polaridad, y a veces no ve los grises; una persona autoritaria con visos de agresividad puede atraer a su vida tanto personas agresivas, como personas sumisas y lo mismo aplica para el caso contrario, es decir, el sumiso puede recrear relaciones con una persona sumisa y con personas agresivas.

La dinámica de los mencionados casos consiste en que cuando el agresivo atrae un agresivo, el mensaje es "mírate en el espejo" y "observa cómo te ves", esta constituye la primera fase en la que nuestra psicología nos revela lo que debemos corregir. Cuando por el contrario, el agresivo atrae un sumiso, se da un mensaje de dos (2) vertientes que en el fondo es uno solo, quienes están interactuando deben caminar hacia la mitad, para lograr su equilibrio, en este sentido, la personalidad de uno impulsa al otro a hacer el cambio, ya que cada uno de ellos percibe su falla emocional amplificada.

6.- El que sabe lo que tiene que hacer pero le da flojera mejorar y aprender porque piensa que vivir no puede ser tan complicado, que requiera de observación y cambio:

Esta clase de sujeto suele ser informado o instruido, presume de ser inteligente y es crítico con el entorno, pero considera que aplicar herramientas no es necesario, porque lo ideal es ser natural y comportarse de manera no elaborada, consideran que no es posible manejar las emociones o tener que aplicar estrategias para mejorar las relaciones, en consecuencia etiquetan a las otras personas como débiles emocionales por tener que acudir a buscar apoyo con especialistas.

Con esta clase de personas más que durante los programas, me he topado en el diario vivir y en promedio coinciden en poseer el vicio de la comodidad emocional, en el que todos tienen que amoldarse a ellos, pero ellos no se amoldan a nada, tienen poca flexibilidad interior, son exigentes emocionalmente con las personas que sostienen lazos afectivos porque demandan casi siempre ser complacidos de manera egocéntrica.

Ricardo es un hombre irritable, de temperamento volátil, ansioso y acelerado, bastante inteligente, con alta velocidad mental y no muy diestro en las relaciones interpersonales, tiene pocos amigos a pesar de tener gran corazón y esconder detrás de esa irritabilidad y aparente dureza una persona sensible capaz de ser lastimada con facilidad. De la interacción con él, pude observar que está consciente de casi todas sus debilidades emocionales, pero en virtud de que considera que son muchas y de su gran comodidad y sentimiento de incapacidad para solucionarlas, se escuda detrás de la creencia de que las técnicas para esculpir la personalidad son innecesarias e ineficaces, que la gente es como es y no cambia, y que debe ser amada y aceptada con sus defectos; no obstante este punto de vista se alterna con otro punto de vista que también maneja, que le hace sentirse una persona solitaria y poco merecedora de afecto.

Estas personas impenetrables, generalmente generan dolor y sufrimiento a las personas de su entorno, sobre todo a aquellas que no tienen fortaleza interior, una buena autoestima y seguridad personal, pues ellos tienden a la manipulación y a la victimización, lo cual no es más que un auto-fortalecimiento de su incapacidad de ser mejores.

Quien está del otro lado y es víctima de estas personas tiene dos opciones saludables, abandonar o fortalecer su propia personalidad al margen de las debilidades del otro, identificando la manipulación sin someterse a ella.

Nuevamente vemos la dualidad en la que se mueve el cerebro y este caso puede ilustrar lo que puede ser la interacción de un conflictivo y un solucionador; el conflictivo se mueve con habilidad en los problemas y las discusiones, y el solucionador es un hábil desenredador de problemas y conciliador. Ahora bien, por qué pueden encontrarse? Porque al cerebro le gusta el antagonismo, consigue lo que le es opuesto y lo trata como un reto; si estas interacciones se manejan con habilidad y ambas partes manejan el mensaje correcto, pueden ser interacciones exitosas.

En el contexto de lo expresado vemos que cada relación tiene algo que capitalizar el extremo conflictivo nos enseña la maravilla de la polémica para encontrar nuevas ideas y cambios radicales, y el conciliador insiste en que todo tiene arreglo y no se da por vencido, si ambos logran caminar a la mitad, la relación sea de pareja o de amistad puede convertirse en una valiosa llave de crecimiento.

7.- El que ve todo lo bueno a su alrededor y sabe qué hacer para ser mejor, pero que no lo aprecia ni capitaliza, escondiéndose detrás de, que se puede vivir sin ello, solo porque admitir lo primero le conduciría a abandonar lo que le genera placer y alimenta sus vicios emocionales:

He atendido personas que viven y crecen rodeadas de facilidades y herramientas emocionales, pero por su adicción al placer manifiestan que dedicarle tiempo o aprender acerca de esos temas es innecesario, pues se consideran personas felices, sorprendentemente son personas en ocasiones con múltiples frustraciones y manejo de ira interior, pero que las actividades de diversión y los vicios enmascaran con una sensación de placer que se convierte en su modus vivendi. Estas personas, no tienen la menor idea de que existen los conceptos del placer y el gozo, el primero suele ser efímero e intermitente, el segundo es un estado de plenitud permanente; como no lo saben, esconden la tristeza y la ira con la máscara del placer y se resisten a la felicidad, pero cuando experimentan una pérdida o un dolor, la pretenden mitigar en la intensificación de sus actividades viciosas, lo que las oculta pero no les permite digerirlas adecuadamente para desvanecer la sensación de pérdida.

Lo expresado muestra que el cerebro puede generar vicios tanto en el placer como en el dolor, porque es típicamente adictivo, si nos identificamos con alguno de los dos lados conduciremos nuestra vida de esa manera, y las relaciones que creamos en nuestra vida serán similares a nuestro perfil psicológico, si nos aprendemos a mover en el dolor, abundarán las pérdidas y las relaciones dolorosas aunque nunca seamos conscientes de ellas, si nos movemos en el placer abundarán las oportunidades de experimentarlo, pues en función de ello nuestra mente ha recreado pensamientos frecuentes.

8.- El que desea que lo carguen en hombros, como a las vírgenes en procesión, y que pretenden que la solución venga de afuera:

Esta clase de sujeto son los cómodos profesionales o de oficio, tienen la habilidad de poner a trabajar a todo el mundo a su servicio, no solo desde el punto de vista físico, sino además emocional, suelen transferir y extrapolar sus preocupaciones y mortificaciones a todos los miembros de su clan o pareja, para sentirse aliviados. Finalmente siempre se sienten abandonados y agotados de luchar, reforzar este sentimiento es otra manera cómoda de enmascarar que realmente no luchan, y que su único esfuerzo sostenido es convencer a los demás de que lo hacen, a través de la manipulación.

Rosario, es una mujer de edad madura que acudió a un entrenamiento para superar su personalidad melancólica, madre de 04 hijos y una nueva pareja 10 años más joven, ella es una mujer inteligente, cariñosa, conversadora, pero controladora, siempre buscando ser complacida bajo el subterfugio de la manipulación.

Cuando ingresó al adiestramiento, mostró una gama de quejas acerca de sus hijos y pareja, otra acerca de su dificultad para sentirse correspondida en las relaciones de amistad, y una preocupación por la situación económica y política de su país, lo que le creaba angustia, ansiedad e inseguridad; rápidamente vi a alguien que se sentía víctima de su entorno, ya que de la conversación no surgió un solo enfoque positivo de las relaciones en las que se veía envuelta; después de varias preguntas y repuestas durante la interacción, encontré que las quejas correspondían a situaciones en las que no se sentía complacida, ni suficientemente apoyada; empecé a presumir que más bien quería que todo se lo suministrara otros, se sentía dueña de la razón y a pesar de que leía libros de mejoramiento y su constante asistencia a todo tipo de adiestramientos, no era más que una excusa para sí misma de haber aplicado todas las técnicas aprendidas sin fruto, para no reconocer que realmente las aprendió pero nunca las utilizó adecuadamente, porque eran solo una herramienta para no ceder y seguir siendo tal como es.

Cada vez que se le ofrecía una herramienta, decía que ya la había usado y no había funcionado, cuando se le colocaron ejercicios para trabajar el manejo de la ira y frustración acumulada, manifestado haberlos hecho, pero su lenguaje corporal indicaba que no era así, probablemente porque no los había usado lo suficiente y no había recibido el beneficio suficiente que mostrara el efecto del ejercicio, nuevamente identificándose un auto-engaño.

Rosario, se convirtió en una visitante recurrente para sus sesiones, pero no era disciplinada pues al llegar al punto de escuchar que tenía resistencia a mejorarse producto del referido autoengaño, abandonaba para volver 06 meses después y empezar de cero, este mecanismo hacía que su mejoría no fuera sustancial ni permanente, evidentemente porque insistía en que sus familiares debían hacer cambios para que su mejoría fuera total, a pesar de que parte del programa es aprender que solo se puede trabajar y hacer cambios sobre sí misma, y que la mejoría del entorno es sencillamente la consecuencia y el reflejo de la mejoría interior.

9.- El que se siente víctima de las personas y las circunstancias y que manifiesta con vehemencia que ha puesto de su parte, pero la vida lo castiga:

Este tipo de facilitados no se siente merecedor de nada, piensa que todo es una confabulación en su contra, suelen tener inteligencia dependiente, pues creen en la suerte, fuerzas extrañas, cuando en realidad solo tienen una maltratada autoestima que se manifiesta con falta de seguridad al actuar, decidir, escoger e incluso entrar en un proceso de mejoramiento con la certeza de lograrlo.

Circunstancias como la mencionada ocurren comúnmente a personas que han sufrido abandono físico de alguno de sus padres por muerte, separación, etc., o abandono emocional de ambos quienes viviendo en la misma casa, siendo padres presenciales y proveedores por tener temperamento egoísta no se involucran emocionalmente con sus hijos de manera adecuada.

Evangelina de 31 años, vino al adiestramiento en la mitad de problemas matrimoniales con su esposo Augusto, quien era contemporáneo con ella, ambos padres de 02 niñas de 03 y 04 años, **Evangelina** insistía en experimentar desamor por parte de su esposo, sentirse emocionalmente desatendida por éste, sin embargo lo describía como un buen papá, buen proveedor familiar, una persona honesta y trabajadora, tras compartir charlas y sesiones con ella, identifiqué que el problema no era lo que él le daba o aportaba emocionalmente, sino una incapacidad de ella de identificar las expresiones afectivas de él, quien a pesar de comunicar un lenguaje de amor diferente al de ella, le daba cariño del modo que conocía y había aprendido.

Evangelina, arrastraba este sentimiento desde adolescente y una vez casada, este sentimiento se intensificó por lo que según ella presumía, era el desapego de su esposo, logramos identificar que solo se estaba activando la memoria emocional del desapego de sus padres, ambos profesionales de la salud que trabajaban sin descanso para mantener la familia, y en su tiempo libre se dedicaban más a las actividades personales que a la interacción con los hijos, lo que excusaban con la escasez de tiempo libre. Desafortunadamente un cerebro infantil no procesa este tipo de explicaciones, y cuando se tiene la edad para razonarlo, entenderlo y digerirlo lamentablemente ya ha hecho una cicatriz en nuestra psicología; no obstante lo expresado y a pesar del trabajo de identificación que se hizo, los jóvenes esposos decidieron separarse a pesar de que probablemente la razón no fue un desamor real, sino un fantasma en la percepción de **Evangelina** que no se sentía amada porque se encontraba viviendo una experiencia que reavivaba un viejo dolor.

Suele ocurrir que si el problema de abandono, separación, pérdida o rechazo que se arrastra de la infancia o de la adolescencia, no se soluciona de manera efectiva, a veces cuando se acude a consejería con un problema de pareja avanzado, cuya razón es la misma, aunque solo sea una percepción virtual de la persona, como en el caso de **Evangelina**, no puede evitarse el rompimiento o el divorcio, porque cuando se realiza la auto-identificación, ya se han producido heridas en la pareja que muy probablemente los miembros de ésta, no estén preparados para sanar, pero se inicia el mejoramiento personal y el facilitado soluciona sobre la marcha sus propias sensaciones de abandono y se prepara para la siguiente relación, o sencillamente para seguir adelante. En el caso de la mencionada chica, debido a su marcada personalidad melancólica y los rastros que aún quedaban de su bajo merecimiento, la mejoría fue de un cincuenta por ciento aproximadamente, pero lo suficiente para sentirse mejor y seguir adelante con sus pequeñas hijas.

10.- El que hace las cosas de manera incorrecta y está buscando incesantemente aprobación ajena para justificar lo injustificable:

Me he topado con sujetos que de entrada saben que están procediendo de manera inadecuada, pero que no quieren dejar de hacerlo porque su cuerpo y su mente los arrastran y no tienen control de ello, como experimentan algo de comodidad en esto, no quieren cambiar de rumbo y retomar la ruta correcta y acuden a asesoría para escuchar que existe algún impedimento para mejorar, que su condición no solo es su responsabilidad, si no la responsabilidad de otra persona.

En los últimos años ha proliferado la práctica de actividades para producir dinero fácil, algunas lícitas y otras no, se ha incrementado socialmente la pereza y se ha descalificado el trabajo y la educación como un medio para producir dinero, esto ha generado un incremento en el número de personas que se dedican a esta forma de vida.

Con ocasión de esto, se ha ido minando las familias, es fácil toparse con personas jóvenes con cierta estabilidad económica, que ante cualquier revés emocional relacionado con su trabajo y su manera de producir dinero, como por ejemplo en el caso de los caballeros, por sentirse rechazados por las mujeres por el tipo de actividad que realizan, por no poder concretar relaciones estables debido a su propia inestabilidad, acuden a buscar asesoría emocional.

Lisandro, comerciante de 36 años vino al programa en virtud de su imposibilidad para concretar relaciones emocionales más allá del noviazgo, tras las conversaciones detecté que el perfil de mujeres con las que siempre salía eran profesionales muy trabajadoras, medianamente jóvenes, con deseos de casarse pero que cautelosamente buscaban una pareja emocionalmente confiable, Lisandro no tenía actividad económica fija, hacía actividades comerciales siempre utilizando efectivo, no era organizado con sus cuentas bancarias, jamás hacía transferencias, se mudaba frecuentemente, cambiaba frecuentemente el teléfono y a pesar de ser un hombre muy apuesto, esto encendía las alarmas de las mujeres con las que se relacionaba, era fácil saber para él las razones por las que las personas que escogía les resultaba difícil confiar en él, pero como se sentía una persona de buen corazón se sentía víctima de rechazo y se minimizaba por su mala suerte, cuando en realidad la solución era un cambio de estilo de vida al que no quería acceder.

Evidentemente en estos casos, a veces la búsqueda de asesoría no es más que el deseo de recibir la retroalimentación por parte de un asesor o facilitador de que no es su responsabilidad, de que debe enfocarse mejor, cuando en realidad la facilitación correcta consiste en enseñarle a la persona que la solución está en su propia acción, en sus manos y sobre cambios en su percepción y estilo de vida, para estas personas esto es difícil de escuchar y digerir. **Lisandro** logró completar su trabajo, mejoró la disciplina y logró enfocarse en aprender algunas pautas psicológicas que le ayudaron a organizarse en la administración del dinero, los cuales habían sido temas secundarios durante el adiestramiento; no obstante, por decisión propia decidió no corregir los problemas asociados a las dificultades para sostener una pareja permanente, por evadir los cambios necesarios.

11.- Los irresponsables y/o postergadores que constantemente buscan transferir su frustración y su ira a las personas de su entorno:

He tenido la oportunidad de asesorar personas cuya baja capacidad de logro obedece a su poco deseo de esforzarse o mejorar, muchas de esas personas son inteligentes, brillantes y habilidosas, pero enfermos de soberbia y pereza, cuando los años le pasan y acumulan experiencias negativas o lo que en sus propias palabras suelen ellos mismos llamar fracasos, provocados por su propia inacción, comienzan a experimentar ira interior, frustración por no lograr obtener cosas de orden material o emocional, muchas veces se convierten en personas críticas y de un verbo duro para referirse a las demás personas, lo que deja ver su estado de amargura.

A veces tenemos en nuestro círculo estas tóxicas personas, con gran facilidad para quejarse, para criticar y ver todos los defectos en las personas con las que interactúan, algunas de ellas son inconfundiblemente ácidas, otras son críticos disfrazados que lanzan el comentario ácido y luego lo suavizan con una loa cuando identifican la expresión negativa del oyente.

Sara es una mujer de mediana edad, a quien le ha tocado trabajar duro por tener el mal hábito de no culminar nada, ni hacer lo necesario para alcanzar metas de forma oportuna, tras excusas de diferente índole no culminó los estudios, nunca terminó adiestramientos que iniciaba para mejorar sus ingresos, no le agrada levantarse temprano, y tiende a postergar todas las responsabilidades y a trabajar al filo de la navaja, es decir cuando todo está a punto de vencerse, es fácil saber su resultado sin que se termine en este relato la historia.

Al acudir al programa estaba manejando un desánimo muy grande y estados de tristeza frecuentes, todo apuntaba a una situación económica compleja producto de bajos ingresos por su trabajo que realizaba por su propia cuenta y riesgo, al revisar su caso detectamos un marcado hábito de postergar los asuntos pendientes y ninguna proactividad para solucionar problemas; fue difícil hacerle entender que sus resultados obedecían a su propia inacción, lo cual comprendió al cabo de varias sesiones. Se quejaba de que su esposo no era suficientemente responsable y perezoso en las actividades del hogar, lo cual la hacía sentirse agobiada y recargada de trabajo.

Fue fácil entender porqué probablemente había atraído ese tipo de pareja, ya que le hacía espejo en alguna de sus pautas emocionales, desafortunadamente en la parte negativa de las mismas, aunque pudimos demostrar que también le hacía espejo en otras cosas positivas, ya que como ella, era un hombre encantador y divertido.

Quien no hace lo suficiente la mayor parte de las veces, no obtiene lo suficiente y sin culpar a nadie el único motivo es justamente no haber hecho lo necesario y oportunamente, estas personas terminan trabajando el doble o el triple, y alimentan el sentimiento de sentirse atropellados por la vida y por su suerte y expresar **"todo para mí es muy difícil"**.

El mencionado caso debe hacernos reflexionar sobre el hecho cierto de que nuestros hábitos personales o emocionales pueden ser nuestra garantía de éxito o nuestra garantía de sufrimiento y frustración, no importa en cuál de estos dos lados nos encontremos en tiempo presente, el primer lado puede ser motivo de alegría, el segundo lado simplemente debe ser un motivo para empezar a solucionar y no para retroalimentar tristeza y frustración, una conciencia y un corazón fértil que se ha dormido por la comodidad, puede despertar con el deseo personal e intenso de ser mejores.

Esto significa que esos interlocutores que encontramos de verbo lapidario e incómodamente ácidos, no son más que seres humanos llenos de miedo, reaccionando por el empoderamiento de la ira o el desvalimiento que provoca la tristeza.

12.- Los incapaces emocionales, quienes encerrados en su infelicidad no usan herramientas, información y soporte para ser felices porque no son idea suya:

Estos sujetos a pesar de experimentar insatisfacción e infelicidad, son incrédulos a la aplicación de recursos para cambiar, básicamente porque no aceptan ayuda del exterior, tienden a querer manejar soluciones personales sin notar que generalmente están bloqueados para las salidas, porque casi siempre son de pensamiento cerrado y nadie más que ellos tiene la razón.

Los seres humanos tenemos más desarrollado y mejor entrenado nuestro hemisferio izquierdo o lógico porque de este modo está diseñada la educación y el entrenamiento de los seres humanos, durante su formación, en la casa, en la escuela y en la interacción social, vivimos en lo que llamaría Miguel Ruíz "la domesticación", pasamos todo por el tamiz del raciocinio, y nos desconectamos eventualmente de nuestro lado intuitivo y mágico, que no es más que la ejecución de los trazos de nuestro corazón, el cual hábilmente nos indica el camino correcto, esto significa que una mente excesivamente racional a veces se bloquea a soluciones intuitivas. Es lo que podríamos llamar personas mentales o dominadas por la razón y con dificultad para conectarse con el sentir, lo cual se aprende observando las sensaciones corporales frente a los eventos.

En mi desempeño profesional he atendido personas que acuden para la solución de un problema y al empezar a producirse la tormenta de ideas de las posibles salidas, generalmente expresan repetidamente, "eso lo sé, lo sé, también lo sé", posiblemente por tratarse de personas que se consideran muy inteligentes y les cuesta entender que la solución tenga que dárselas otro, en algunos casos es producto de la preponderancia del ego en su personalidad, este es un comportamiento contradictorio, pero así lo hacen.

Sandro, acostumbra a consultar cuando se le avecinan decisiones importantes en su vida, no obstante pareciera que básicamente quiere escuchar otra postura, para reforzar la suya, y el 95% de las veces hacer lo que piensa, sin aplicar la sugerencia o tratar de ajustar las dos opiniones para obtener la mejor, en una suerte de supuesta conversación abierta tratando de convencer al terapeuta de que él tiene la razón, evidentemente tener siempre la razón no es posible, pero tener la razón, es siempre agradable, permitirnos la idea de escuchar con apertura y ver como nuestra opinión rebota como una pelota de ping pon de ida y vuelta con nuestro entrenador, aceptando que la opinión que regresa muchas veces es nuestra propia opinión enriquecida, permite tomar decisiones sanas y normalmente crecedoras, más allá del ego.

Ninguna persona que deseemos consultar, como experto, como coach, etc., tendrá una solución mágica para nosotros, pero si tenemos la sabiduría de utilizar su apoyo para ir hacia adentro y conectarnos con nuestro propio sentir, hará que el otro se convierta simplemente en un compañero de sendero, que sólo nos ayudará a "ver mejor"; pero la solución y la respuesta que veremos, la experimentaremos de manera personal y saldrá exclusivamente de nosotros.

La ventaja de trabajar con un monitor es que este puede ser un observador imparcial que al mirar desde afuera puede observar si estamos enfocados en mirar hacia el lugar correcto para indicarnos hacía donde debe ir el enfoque para que en solitario posteriormente ubiquemos la salida.

13.- Los que están preparados para el cambio, y asumen el adiestramiento con seriedad y compromiso:

He atendido con beneplácito personas que se alistan en el programa con un verdadero deseo de mejorar, seres que están listos y manejan la apertura mental suficiente para recibir ayuda, generalmente ya llegan con una decisión tomada, SENTIRSE BIEN y/o SER MEJORES, son como un terreno fértil para plantar la semilla que hará crecer la programación de evolución que todos llevamos dentro, ver sus rápidos resultados son un verdadero estimulante para el trabajo.

Para ilustrar esto, recordaré a **Víctor Manuel**, un joven ingeniero soltero, que atendí hace algunos años, vino al programa ávido de hacer cambios para mejorar. Con el asesoramiento trazó un plan de trabajo y de acciones, se abordaron diferentes tópicos de su vida, pareja, trabajo, salud, prosperidad, etc., y se realizó un adiestramiento en 03 facetas, la primera de 10 sesiones, seguida de una interrupción de cuatro

04 meses. La segunda, de 08 sesiones y un receso de tres 03 meses, en aproximadamente dos 02 años se cubrió el cien por ciento (100%) del plan trazado, el cual incluyó conseguir trabajo fuera del país, producir ingresos en moneda extranjera, comprar casa, carro y empezar un plan de ahorro e inversión.

Víctor Manuel asistía puntualmente a sus sesiones y mostraba con sus conocimientos y habilidades emocionales un aprovechamiento bastante elevado de los ejercicios colocados y del material recomendado para escuchar o leer; el programa culminó satisfactoriamente y se observó que se había desarrollado la suficiente independencia emocional para seguir trabajando y logrando mejorías sin acompañamiento.

Actualmente, han pasado 04 años y anualmente recibo información vía correo electrónico de sus logros que no paran de ocurrir, en el presente está casado, tiene 02 hijos y está radicado en otro país. Ya saltó del nivel de empleado a auto empleado, ya que desarrolla actividades comerciales a su propia cuenta y riesgo, lo que resta probablemente sea muy bueno, ya que cuenta con suficientes herramientas para seguir adelante.

Víctor Manuel está viviendo el bienestar producto de su trabajo y del aprendizaje de haber identificado como capitalizar las relaciones en su vida para ser mejor.

Como **Víctor Manuel** he tenido el placer de atender varias personas que se han encontrado en el punto perfecto para recibir el programa y que éste germine en su corazón, convirtiéndose en personas eficaces, exitosas y felices, para todas esas personas y para las otras que dieron sus primeros pasos y subieron varios escalones en mi compañía, como las que decidieron leer este material fue escrito este libro.

ESTRATEGIAS PARA MEJORAR NUESTRA VIDA PARTIENDO DE LA OBSERVACION DE LAS RELACIONES

1. Diagnostica tu destreza emocional, observando la calidad de tus relaciones (pareja, familia y otros)
2. De la observación identificarás lo que reflejas en cada una de ellas, miedos, emociones tóxicas atrapadas, destrezas, habilidades (lado mágico o lado menos mágico), asúmelos sin miedo.
3. La observación de las relaciones te mostrará una diversidad de reflejos, aprende que eres la suma de ellos, ejemplo: Podemos reflejar en el jefe algún miedo y a la vez habilidades, en nuestra pareja problemas con el manejo de la ira y en nuestros hijos una porción de nuestra personalidad aventurera, pero en esencia no es el reflejo de alguna de esas relaciones lo que nos define, sino el conjunto de lo que reflejamos en todas.
4. Trabajar en hacer cambios para nuestro mejoramiento implica un proceso que puede ser ligero y rápido, tomaremos una relación a la vez, y buscaremos identificar y concientizar en qué parte de nuestras emociones y temperamento la persona con la que nos relacionamos nos está haciendo de espejo, eso nos dará un indicio de aquello en lo que estamos fallando.

5. Vive el proceso en cada una de sus partes, no saltes ningún escaño.
6. Después de haber identificado, y estando conscientes de qué queremos mejorar, escogeremos una técnica o herramienta para corregir la pauta psicológica o emocional que nos genera problemas.
7. Se sugiere el uso de diversas herramientas, lecturas, mantras, concientización de pautas a cambiar, terapias de perdón, para deshacer lo que estamos reflejando en la relación y la otra persona, ya que esto que estamos reflejando constituye generalmente nuestros fantasmas, basura y dolor emocional.
8. En ningún caso se trabaja tratando de cambiar a una tercera persona, siempre el trabajo estará en función de nuestro mejoramiento, aunque por añadidura beneficiará a los seres con los que nos relacionamos.
9. El mencionado trabajo nos devuelve la responsabilidad y nos liberará de la culpa que eventualmente podríamos haber experimentado al haber identificado nuestra falta de destreza emocional en un determinado terreno.
10. Un ser humano emocionalmente inteligente, entiende que constantemente puede trabajar en el desarrollo de sus rasgos positivos y en el desvanecimiento de sus rasgos negativos, ya que en lugar de defectos debemos concebirnos como seres con rasgos en desarrollo.

Equivocarse no es el problema, el problema empieza cuando no queremos reconocer e

identificar para rectificar y convertir la falla en algo crecedor.

1. Una terapia de perdón como la que sugiere el Ho'oponopono y la información contenida en el texto Un Curso de Milagros, por ejemplo pueden devolver la magia a nuestra vida purificando nuestra emocionalidad y experiencia de vida.

Aplícalos diariamente y experimenta el poder de sus efectos en lo que haces, dices y ves.

¡REGALO PARA LOS LECTORES!

CONSEJOS PARA EL ENRIQUECIMIENTO PERSONAL

1. Toma la decisión de hacer todo lo que esté en tus manos para sentirte bien.
2. Empieza hoy.
3. Escucha con apertura y de manera activa.
4. Permítete el beneficio de la duda cuando recibas información que contrasta con la tuya.
5. Trabaja en desarrollar o esculpir un rasgo personal a la vez.
6. Entiende que todo mejoramiento lleva un proceso, disfrútate sus partes y no creas en la inmediatez.
7. No dejes que la razón te controle el cien por ciento.
8. No dejes que el ego decida por ti.
9. Piensa en ti primero cada vez que hagas una lista de prioridades, para decidir objetivamente cuál es tu lugar cuando organices la lista.
10. Observa el entorno para auto-diagnosticarte, porque es el reflejo de ti.

About the Author

Nació en Cabimas, Estado Zulia, Venezuela, el 28 de Marzo de 1966, es Abogada, egresada de LUZ (1991); Mgs. en Gerencia Tributaria por la Universidad Rafael Belloso Chacín (2001); Motivadora e Instructora de programas de crecimiento personal, desde el año 2002; Facilitadora en Psiconeurolinguística, titulada por la Universidad del Zulia (2006); Autora de TALLERES TERAPEÚTICOS INDIVIDUALES Y ORGANIZACIONALES de mejoramiento personal, tales como la "LA MAESTRIA DE LA EXPERIENCIA"; "LA VOZ INTERIOR" Y "LA REINGENIERIA DEL PENSAMIENTO", y del Programa integral "CAMINO HACIA LA PLENITUD", entre otros, dirigidos a buscar la armonización de los resultados de nuestra vida diaria y la elevación de nuestro nivel de conciencia, basados en el modelo cuántico de nuestro ser en consonancia con el comportamiento del Universo y la Naturaleza, programas producidos con técnicas de aprendizaje de vanguardia.

About the Publisher

]Welcome to The Little French eBooks a press dedicated to publishing erotica, romance and mystery eBooks in multiple formats for compatibility with the variety of eBook reader devices. Our commitment is to provide quality and exciting works to the public. For submission guidelines visit our website.

www.thelittlefrenchebooks.com

www.thelittlefrenchebookstore.com

www.ingramcontent.com/pod-product-compliance
Ingram Content Group UK Ltd.
Pitfield, Milton Keynes, MK11 3LW, UK
UKHW021648190726
13853UKWH00001B/133

9 798201 688745